Jochen Schütt

In den Wind gepredigt

Jochen Schütt

In den Wind gepredigt

Fromm Verlag

Impressum / Imprint
Bibliografische Information der Deutschen Nationalbibliothek: Die Deutsche Nationalbibliothek verzeichnet diese Publikation in der Deutschen Nationalbibliografie; detaillierte bibliografische Daten sind im Internet über http://dnb.d-nb.de abrufbar.

Bibliographic information published by the Deutsche Nationalbibliothek: The Deutsche Nationalbibliothek lists this publication in the Deutsche Nationalbibliografie; detailed bibliographic data are available in the Internet at http://dnb.d-nb.de.

Coverbild / Cover image: www.ingimage.com

Verlag / Publisher:
Fromm Verlag
ist ein Imprint der / is a trademark of
OmniScriptum GmbH & Co. KG
Heinrich-Böcking-Str. 6-8, 66121 Saarbrücken, Deutschland / Germany
Email: info@frommverlag.de

Herstellung: siehe letzte Seite /
Printed at: see last page
ISBN: 978-3-8416-0517-7

In den Wind gepredigt

Vorwort

Der Gottesdienst ist vorbei. Ich stehe an der Ausgangstüre der Kirche und habe mich gerade vom letzten Gottesdienstbesucher verabschiedet. Artig haben sich einige bedankt für die Predigt, andere haben sie sogar besonders gelobt. Und doch bleibt ein mir vertrautes Gefühl von Unsicherheit und undefinierbarer Unzufriedenheit: Habe ich - wenigstens bei einigen Besucherinnen oder Besuchern das erreicht, was ich beabsichtigt habe? Konnte ich Gottvertrauen wecken, Hoffnung stärken, zur Liebe motivieren? Kurz: Habe ich wirklich Gottes Wort zur Geltung gebracht?

Oder war es völlig umsonst? Hab ich „in den Wind gepredigt"? Hätte ich genauso gut das Telefonbuch vorlesen können? Wie oft und wie lange Zeit habe ich versucht, durch meine Predigten Menschen aufzubauen und zu verändern, und wie wenig ist davon zu spüren!

Doch der Wind ist auch ein Symbol für den Geist Gottes, der weht wo er will, der auch Gedanken einer Predigt aufgreifen und in die Herzen der Menschen bringen kann. „In den Wind gepredigt" heißt dann: predigen und es dem Geist Gottes überlassen, was er daraus macht. Ohne die Zuversicht, dass das geschehen kann und immer wieder geschieht, hätte ich nicht predigen mögen, ja nicht können.

Meine Predigten sind nicht Gottes Wort. Nicht einmal die Bibel ist das auf den ersten Blick. Sie ist Gottes Wort im Menschenwort. Gottes Wort ist uns nicht verfügbar. Aber es *geschieht*, immer wieder. Es geschieht, wo in Menschen Hoffnung, Glaube und Liebe geweckt werden. Dazu kann dann auch eine Predigt beitragen, wenn Gott sie dazu gebraucht, um Menschen nahe zu kommen. - Vielleicht kann das ja sogar durch die hier vorgelegten Predigten geschehen. Ich würde es mir wünschen!

Predigten aus vier Jahrzehnten habe ich überarbeitet. Dabei habe ich meist die damals aktuellen Bezüge weggelassen, weil diese heute oft unverständlich und möglicherweise eher störend als erhellend sind. Ich habe meist Formulierungen gewählt, die der Leser auf die heutige Zeit anwenden kann. Es sind ja immer wieder, durch alle Zeiten hindurch, dieselben Grundmuster, Fragen und Sehnsüchte, Ängste und Hoffnungen, die Menschen bewegen.

In vier Abschnitte habe ich die Predigten eingeteilt:
Zunächst geht es um die Grundlage des Glaubens, das Evangelium, die unbedingte Zusage der Liebe Gottes. Dann darum, was das Evangelium mit uns macht, um Glauben, Trost und Hoffnung. Der dritte Abschnitt handelt dann von den Konsequenzen des Glaubens, von Verantwortung und Glaubwürdigkeit. Die letzten Predigten gehen der Frage nach, wie Reich Gottes geschehen und wie Kirche lebendig sein kann. Da gibt es kein Rezept. Es werden in der Kirche immer neue Veränderungen notwendig sein. Aber allen Versuchen, Kirche zu gestalten, muss eines gemein sein: die Offenheit für den Geist Gottes.

Die wünsche ich Ihnen auch beim Lesen dieses kleinen Buches.

Jochen Schütt

Kapitel I
Die gute Nachricht **7**

Kapitel II
Glauben, innerer Halt, Trost und Hoffnung **31**

Kapitel I
Die gute Nachricht

Dass die erste Predigt des ersten Teils, in dem es um die gute Nachricht, die Grundlage des christlichen Glaubens geht, von einem alttestamentlichen Text ausgeht, mag zunächst verwundern. Doch vielleicht sollten wir bedenken, dass die Schrift, die wir das Alte Testament nennen, die Bibel Israels, die heilige Schrift der Juden ist. Und Jesus war Jude und kannte sich aus in der Schrift. Er wird die Schriftrolle des Jesaja gut gekannt und geschätzt haben.

Hier werden wesentliche Grundzüge des Evangeliums bereits benannt: Die Menschen sehnen sich nach Geborgenheit und Anerkennung, nach Liebe und Wertschätzung, nach erfülltem Leben. Das kann und will Gott ihnen schenken - umsonst!

Gottes Angebot - umsonst, aber nicht vergeblich!
1. Jesaja 55, 1 - 3

1Wohlan, alle, die ihr durstig seid, kommt her zum Wasser! Und die ihr kein Geld habt, kommt her, kauft und esst! Kommt her und kauft ohne Geld und umsonst Wein und Milch! 2 Warum zahlt ihr Geld dar für das, was kein Brot ist, und sauren Verdienst für das, was nicht satt macht? Hört doch auf mich, so werdet ihr Gutes essen und euch am Köstlichen laben. 3 Neigt eure Ohren her und kommt her zu mir! Höret, so werdet ihr leben! Ich will mit euch einen ewigen Bund schließen, euch die beständigen Gnaden Davids zu geben. (Jesaja 55, 1 - 3)

„Was nichts kostet, das ist auch nichts!“ „Alles hat seinen Preis.“ „Umsonst ist der Tod, und der kostet das Leben.“ So etwa sieht unsere Alltagserfahrung aus, die unser Verhalten weitgehend bestimmt. Wenn wir auf ein Veranstaltungsplakat „Eintritt frei“ schreiben, dann kommen eher weniger Besucher.

Aber das ist nur die eine Seite. Denn keiner würde z. B. Eintritt verlangen, wenn er seine Freunde zu einem Fest einlädt. Oder niemand würde Freund oder Freundin fragen: „Was muss ich dir für deine Freundschaft bezahlen?“.

Im Grunde spüren wir es: Was man für Geld beschaffen kann, muss nicht das Beste sein! Das Beste, was ich zu geben habe, kostet nichts, ist unbezahlbar: Zuwendung, Liebe, Freundschaft oder Treue und Wahrhaftigkeit. Wenn ich etwa einem Freund einen Freundschaftsdienst leiste und er mich fragt: „Wie kann ich das wieder gutmachen?“, dann hat er mich falsch verstanden, und ich empfinde seine Frage fast als beleidigend.

Wir wissen es im Grunde: Das wirklich Gute ist unbezahlbar, in doppelter Hinsicht: Es ist wertvoller als alles, was man für Geld bekommen kann. Und es ist umsonst.

So gesehen ist es vielleicht doch gar nicht so unpassend und sonderbar, wenn Jesaja im Gottes Namen einlädt: „Kommt und kauft ohne Geld und umsonst“. Wenn Gott einlädt, dann tut er es umsonst, aus Liebe und nicht aus Berechnung.

Sonderbar ist da schon eher, dass eine solche Einladung nicht, oder doch so wenig angenommen wird. Es ist ja nicht irgendwer, der da einlädt! Und was er anzubieten hat, ist alles andere als unwichtig und nebensächlich.

Aber was ist es? Jesaja redet in Bildern: Wasser, Leben, Brot, Wein, Gutes, Köstliches. Er beschreibt damit wirkliches, erfülltes, sinnvolles, reiches und gutes Leben. Er unterscheidet zwischen dem, was satt macht, und dem, was nicht wirklich satt macht. Eine Unterscheidung, die auch uns gut täte! Was macht wirklich satt?

Vielleicht finden wir eher die Antwort auf die Frage, was *nicht* wirklich satt macht. Da müssen wir nur unsere Lebenserfahrung bemühen: Alles, was gekauft werden kann, macht nicht satt! Im Gegenteil, in der Regel schafft es am Ende Unzufriedenheit, Gier oder Übersättigung. Darin besteht die kümmerliche Armut unseres Wohlstandsdenkens. Dem Gott Wohlstand wird alles geopfert: Zeit, Kraft, Nerven, Beziehungen, Liebe, Zärtlichkeit ...mit allem wird bezahlt! In der Hoffnung, dass der Gott Wohlstand seine Versprechungen wahr macht und unsere Sehnsucht nach Glück, Wertschätzung, Liebe und Geborgenheit stillt. Doch je mehr wir ihm opfern, desto weniger wird die Sehnsucht gestillt.

Wider besseres Wissen versuchen auch wir Christen uns Leben zu kaufen, Leben und das, was dazu gehört, wie es die Werbung verheißt. Und um das dafür nötige Geld zu verdienen, verzichten wir gerade auf das, was Leben ausmachen könnte: Gemeinschaft, Geborgenheit, Liebe , Fröhlichkeit, Anerkennung und die Erfahrung, dass wir einmalig wertvoll sind! So bezahlen Menschen mit dem, was sie erstreben: zahlen mit ihrem Leben, weil sie es beim Tanz um das goldene Kalb verlieren, ersticken, verpfuschen. Und sie merken es nicht! „Das tu ich doch alles nur für euch", sagt der Vater, der aufgrund seiner immer stärkeren beruflichen Belastung seine Familie kaum noch zu Gesicht bekommt. „Das alles tu ich euch (und mir) an", müsste er sagen!

Alles, was mit Geld zu kaufen ist, macht nicht satt! Aber was Gott umsonst gibt, das macht wirklich satt, sagt der Prophet. Denn Gott verspricht: „Ihr werdet leben!" Er will einen ewigen Bund schließen. Er gibt die verbindliche Erklärung: Ich will euer Gott sein, will euch tragen, stärken und trösten.

„Ist das denn so wichtig?", fragen heute viele. Und noch mehr fragen das gar nicht mehr! „Wen interessiert das denn schon? Hauptsache, Bayern oder Dortmund oder Schalke ... wird Meister!" „Hauptsache, die Kohle stimmt!" „Hauptsache, meine Diät ist erfolgreich!" „Hauptsache gesund!" Es gibt so viele „Hauptsachen"! - Das ist ja alles mehr oder weniger wichtig, aber „Hauptsache"? Gibt es nichts Wichtigeres?!

Menschen können sich in Zweitrangiges, Vorläufiges hineinsteigern, dass sie jedes Maß verlieren. So las ich einmal den Ausspruch eines Fussballfans: „Das ist keine Frage von Leben und Tod. Das ist wichtiger: Borussia Dortmund!" Oder vor Jahren erlebte ich auf einem Schützenfest die Rede eines Schützenbruders, der diese unter tosendem Beifall der Versammlung mit dem heroischen Ausruf beendete: „Ich lebe und ich sterbe für den grünen Rock!" - Und das meinen die auch noch ernst!

Ob ich Gottes Einladung zum ewigen Bund annehme, ob Gott auf ewig mein Gott sein will, *das* ist eine Frage von Leben und Tod! Und zwar in meinem Leben und nach meinem Tod!

Wo steuert unsere postchristliche Gesellschaft denn hin? Sie wird mehr und mehr gezeichnet von Gewalt, Zerstörung, hemmungslosem Egoismus,

Einsamkeit und innerer Leere. Überall wird über die zunehmende Verrohung der Gesellschaft geklagt. Politiker überbieten sich gegenseitig mit der Forderung, die Gesellschaft müsse sich wieder auf moralische Werte besinnen. Aber das reicht nicht! Den Menschen muss wieder nahegebracht werden, dass sie selbst wertvoll sind! Sie müssen wieder glauben lernen, damit sie auch wieder an sich selbst glauben können.

Wenn Gott mit mir einen ewigen Bund schließt, dann werde ich auf ewig nicht untergehen, und wenn alles unter mir zusammenbricht! Solcher Glaube gibt mir Halt und Selbstvertrauen.

Und wenn Gott dasselbe mit anderen tut, dann sind die genauso wertvoll wie ich. Dann können sie keine Feinde mehr sein. Dann können sie mir nicht mehr gleichgültig sein. - Was tun sich Menschen gegenseitig an, weil sie vergessen oder nicht wahrhaben wollen, dass Gott mit uns allen seinen ewigen Bund schließen will!

„Ist das denn überhaupt möglich, dass Menschen auf dieser Basis miteinander umgehen?“, höre ich die Skeptiker einwenden. „Ist der Untergang nicht schon vorprogrammiert?“ „Ist der Zeitpunkt nicht schon längst verpasst?“ Ich bin überzeugt davon: Wenn unsere Hoffnungen und unser Vertrauen größer sind als unsere schlimmen Erfahrungen, dann ist das möglich! Die zuversichtlichsten Kirchenlieder wurden im 30-jährigen Krieg verfasst. Unser Prophet verfasste seine Rede in einer geradezu aussichtsloser Situation, in der zweiten Generation im babylonischen Exil. Und wir hören den Text heute in einer Zeit, in der man so gerne den Totengesang auf die Kirche und den christlichen Glauben anstimmt.

Gerade jetzt ist Gottes Ruf deutlich zu hören für die, die ihn hören *wollen*. Er hebt sich ab vom Sirenengesang der falschen Versprechungen wie vom lethargischen Gesang der Sinnlosigkeit und des Untergangs: „Wohlan, alle, die ihr durstig seid, kommt her zum Wasser ... Ich will mit euch einen ewigen Bund schließen!“

Es ist ein großartiges Angebot, ein Angebot zu wahrem Leben! Wir sollten es annehmen. Zumindest sollten wir es immer wieder versuchen. Es lohnt sich! Amen.

Müssen wir uns rechtfertigen?
Galater 2,16

16 Doch weil wir wissen, dass der Mensch durch Werke des Gesetzes nicht gerecht wird, sondern durch den Glauben an Jesus Christus, sind auch wir zum Glauben an Christus Jesus gekommen, damit wir gerecht werden durch den Glauben an Christus und nicht durch Werke des Gesetzes; denn durch Werke des Gesetzes wird kein Mensch gerecht. (Galater 2, 16)

An Paulus scheiden sich die Geister: Die einen lieben seinen intellektuellen Scharfsinn, die Art, wie er schwierige theologische Probleme entfaltet. Anderen ist Paulus zu kompliziert und abgehoben. Das mit dem Evangelium müsste man doch einfacher ausdrücken können!

Paulus will ja das Evangelium von Jesus Christus predigen. Der Auferstandene selbst hatte sich ja dem Christenverfolger Saulus in den Weg gestellt und ihn zum glühenden Verehrer der neuen Lehre gemacht. Paulus eifert seitdem wie kaum ein anderer für den Glauben an Jesus Christus und dessen Botschaft. - Aber diese frohe Botschaft vermittelt er anders als Jesus selbst.

Jesus braucht Bilder, Geschichten, Handlungen. Er versucht seine Mitmenschen dadurch und durch persönliche Nähe zu erreichen und zu überzeugen. Die Mitte seiner Botschaft kann in einer Geschichte, einem einzigen Satz oder einer einzigen Handlung zum Ausdruck kommen.

So etwa in der Geschichte vom Verlorenen Sohn, der sich von seinem Vater lossagt, sein Erbe verprasst, das dann bereut und zu seinem Vater zurückkehrt, um ihn um Verzeihung zu bitten, dann aber von seinem Vater in die Arme geschlossen wird, noch bevor er auf die Knie gehen kann. Die Liebe des Vaters hat nie aufgehört. Gott lässt niemanden gottlos werden. Gott gibt Freiheit und liebt bedingungslos.

Oder in einem Satz wie dem, den er zum Schächer am Kreuz sagt: „Heute noch wirst du mit mir im Paradies sein!“ Ohne auf die schuldhafte Vergangenheit des Verbrechers zu achten, verspricht Jesus ihm das Paradies.

Jesus spricht das Herz an, Paulus den Verstand! Paulus redet in Begriffen und theologischen Sätzen, versucht, das Evangelium in klare Worte zu fassen. Er weiß, dass der Mensch „durch Werke des Gesetzes „ (d. h. durch Einhaltung des Gesetzes oder gute Werke) „nicht gerecht wird, sondern durch den Glauben an Jesus Christus“.

Hier benennt er in der Tat die Mitte, das Wesen des Evangeliums. Wir können uns nicht selbst rechtfertigen. Das hat Gott durch Jesus Christus getan. Wir können uns das nur noch schenken lassen und vertrauensvoll annehmen. Unser Glaube ist nicht eine Voraussetzung dafür, dass Gott uns gerecht macht; er ist die Voraussetzung dafür, dass wir das verstehen und für uns annehmen.

Paulus entfaltet diesen Grundgedanken in vielfältiger Weise, doch bei allem Respekt vor seiner intellektuellen Fähigkeit und seinem Eifer, er verliert darüber manche Leser oder Hörer, die ihm nicht mehr folgen können oder wollen.

Und die Frage, die Paulus im Innersten seiner Existenz bewegt hat, wie wir vor Gott gerecht werden, die Martin Luther noch in der Frage „Wie bekomme ich einen gnädigen Gott?“ aufgegriffen hat, scheint heute nur noch wenige Menschen zu interessieren. Heute fragen Menschen eher: „Gibt es denn überhaupt einen Gott? Und wenn ja, warum lässt er dann so viel Leid und Unrecht zu?“

Der moderne Mensch beschäftigt sich mit den Problemen der Alltagsbewältigung und vor allem - mit sich selbst. Für viele ist dann kein Platz mehr für die Frage, ob da ein Gott ist, und wie wir Menschen vor ihm bestehen können.

Die Gottesfrage ist für viele ein (überflüssiger) frommer Luxus. Der Mensch von heute braucht alle seine Kräfte, um sich ein sonniges Plätzchen in der Welt unserer Leistungsgesellschaft zu verschaffen, oder um nicht auf der Strecke zu bleiben im Kampf um Geld, Wohlstand und Ansehen.

Doch wenn er einmal innehalten würde und nach tieferen Dimensionen des Lebens und der Welt fragen würde, dann würde sich ihm auch die Frage nach der Existenz Gottes stellen: „Und wenn es Gott *doch* gibt?!"

Dann aber ist die Frage nicht mehr gleichgültig, *welcher* Gott das ist! Ist er ein blindes, willkürliches Schicksal, ein Freund seiner Lieblinge und treusten Diener, ein ohnmächtig pensionierter Schöpfergott, der dem traurigen Spiel in der Welt nur noch untätig zusehen kann, ein rächender Despot, ein Gott, der peinlich genau gute und schlechte Taten miteinander verrechnet und seinen Menschen die Rechnung am Ende vorhält? Oder ist es der Vater Jesu Christi, dessen einzige Absicht es ist, sich dem Menschen immer zuzuwenden, das Verlorene zu suchen, den Verzweifelten Hoffnung, den Trauernden Trost und den Verirrten Heimat zu geben? Der sich nicht entmutigen lässt durch die Gottlosigkeit, die Bosheit oder Gleichgültigkeit der Menschen, weil sie trotz allem seine geliebten Geschöpfe sind!

Wer so nach Gott fragt, dem wird auch nicht gleichgültig sein, wie er vor Gott dasteht, wie Gott ihn beurteilt. Und da ist schon bemerkenswert, dass alle Religionen außer der christlichen die Möglichkeit anbieten oder einfordern, dass der Mensch durch entsprechendes Verhalten Gott dazu bewegen kann, ihn zu erlösen. Alle anderen Religionen sind im Grunde Selbsterlösungsreligionen.

Sie fragen: „Was kann der *Mensch* dazu tun?", nur der christliche Glaube fragt: „Was hat *Gott* dafür getan?" Jesus sagt: Alles! Unabhängig davon,

wie fromm oder gottlos sich ein Mensch verhält, Gott liebt ihn und wartet darauf, dass der Mensch seine Liebe annimmt.
Dies hat Paulus veranlasst, seine Lehre von der Rechtfertigung des Sünders zu entfalten. Die befreiende Verkündigung Jesu von der grenzenlosen Barmherzigkeit und unbedingten Liebe Gottes hat Paulus in theologische Sprache übersetzt.

Nicht nur die Gedankengänge des Paulus sind schwer zu verstehen, auch das Evangelium ist für den Menschen damals wie heute schwer nachzuvollziehen: Der Mensch möchte sein Heil selbst in der Hand behalten, möchte handlungsfähig bleiben, möchte sich selbst rechtfertigen. Deshalb fällt es ihm so schwer, sich einfach die Barmherzigkeit Gottes gefallen zu lassen.

Aber alle menschlichen Versuche der Selbstrechtfertigung sind zum Scheitern verurteilt, weil sie den Menschen und seine Möglichkeiten zu optimistisch einschätzen. Sie wollen Gottes kritisches, sein richtendes und aufrichtendes Urteil nicht anerkennen und nehmen das Kreuz Jesu nicht ernst.

Und sie misstrauen der Vergebungsbereitschaft Gottes und sind deshalb letztlich Zeichen des Unglaubens. Unsere Schuld, unsere oftmals offen zu Tage tretende Gottlosigkeit ist so groß, dass nur im tiefsten Vertrauen auf Gottes Liebe Vergebung erhofft werden kann.

Es ist so: Durch Glauben, durch das Vertrauen in Gottes Liebe wird der Mensch „gerecht“, vor Gott recht. Doch Glaube ist dann nicht wieder eine fromme Tat, sondern die einzige Möglichkeit, das Unmögliche von Gott zu erhoffen, dass der Mensch trotz seiner Fehler und Unzulänglichkeiten, trotz seiner Gottlosigkeit und Schuld vor Gott gerecht, in Gottes Augen recht ist. Unser Verstand kann es letztlich nicht fassen, unsere Selbstgerechtigkeit nicht akzeptieren, aber unser *Herz* kann es aufnehmen, wenn es sich auf Jesu Botschaft einlässt. Amen.

Gott sucht die Verlorenen. – Und wir?
Lukas 15, 1 - 7

1 Es nahten sich ihm aber allerlei Zöllner und Sünder, um ihn zu hören. 2 Und die Pharisäer und Schriftgelehrten murrten und sprachen: Dieser nimmt die Sünder an und isst mit ihnen. 3 Er sagte aber zu ihnen dies Gleichnis und sprach: 4 Welcher Mensch ist unter euch, der hundert Schafe hat und, wenn er eins von ihnen verliert, nicht die neunundneunzig in der Wüste lässt und geht dem verlorenen nach, bis er's findet? 5 Und wenn er es gefunden hat, so legt er sich's auf die Schultern voller Freude. 6 Und wenn er heimkommt, ruft er seine Freunde und Nachbarn und spricht zu ihnen: Freut euch mit mir; denn ich habe mein Schaf gefunden, das verloren war. 7 Ich sage euch: So wird auch Freude im Himmel sein über ***einen*** *Sünder, der Buße tut, mehr als über neunundneunzig Gerechte, die der Buße nicht bedürfen. (Lukas 15, 1 – 7)*

Manchmal merken wir erst, was uns eine Sache wert ist, wenn wir sie nicht mehr haben: Gesundheit etwa, oder Freunde oder eine Partnerschaft, die abgebrochen wird. Manchmal macht uns der Verlust dessen, was wir verloren haben, dessen Wert erst recht bewusst. – Und wenn wir das, was wir verloren haben, dann wiedergefunden haben oder wiedergewinnen konnten, dann ist die Freude besonders groß.

Das Wissen um diese besondere Freude setzt Jesus voraus, greift es auf und veranschaulicht es noch einmal mit dieser Gleichniserzählung, einer möglichen Begebenheit aus dem Alltag der Menschen damals: ein Schaf, das sich in der Wüste verirrt hatte, war verloren und konnte vom Hirten wiedergefunden werden. Dies verursachte bei ihm große Freude.

Mit diesem Beispiel von der selbstverständlichen Freude will Jesus seinen kritischen und verärgerten Zuhörern, den Pharisäern, etwas deutlich machen, was sie sich, was viele Menschen sich einfach nicht vorstellen können: dass Gott sich freut über Menschen, die ihm abhanden gekommen sind, sich von ihm getrennt haben, ein gottloses Leben geführt haben, die *er* aber wiedergefunden hat, weil sie umgekehrt sind.

Die Pharisäer damals sahen das anders: Wer sich von Gott abkehrt, der hat das ja wohl so gewollt; der hat seine Chance verspielt; der kann keinen Platz mehr haben in der Gemeinschaft der Frommen.

Und deshalb muss es in ihren Augen ein Skandal gewesen sein, dass Jesus sich gerade mit ihnen, mit solchen „Subjekten“ an einen Tisch setzte, ihnen Gottes Liebe versprach und ihnen ihre Schuld vergab. Wie konnte er die Sache Gottes nur so entheiligen! Die Perlen vor die Säue werfen! Und wie konnte er sich selbst dafür hingeben! „Sag mir, mit wem du umgehst und ich sage dir, wer du bist!“

Können Sie die Pharisäer verstehen? Denken bzw. empfinden wir heute wirklich sehr viel anders? Bevorzugen wir nicht auch eine intakte Gemeinde mit tadellosen Leuten? Distanzieren wir uns nicht auch schnell von denen, die nicht in das ordentliche Bild passen, auch wenn wir das nicht immer so offen aussprechen?

Und wenn wir uns ihnen wirklich zuwenden wollten, dann könnten wir sie wahrscheinlich gar nicht integrieren, weil sie einfach nicht reinpassen in unsere Kreise und wir sie das spüren lassen, bewusst oder unbewusst. Wie reagieren wir, wenn „so einer“ in unseren Gottesdienst kommt? Ablehnend, zurückweisend, verunsichert vielleicht, aber kaum erfreut.

Versuchen wir überhaupt noch, den „Verlorenen“ ähnlich nachzugehen wie Gott? Haben wir überhaupt noch ein Gefühl für ihr Verlorensein? Haben wir sie nicht auch schon verloren und spüren wir das überhaupt noch schmerzhaft? Fragen, denen wir uns ernsthaft stellen sollten.

Jesus sagt: „Im Himmel wird mehr Freude sein über einen Sünder, der Buße tut, als über neunundneunzig Gerechte.“ Deshalb ist für Gott niemand für immer verloren. Für Gott gibt es keine hoffnungslosen Fälle! Für ihn gibt es nur Menschen, die den Halt und die Verbindung zu ihm verloren haben, und die er zurückgewinnen will und über die er sich maßlos freut, wenn sie sich zurückgewinnen lassen!

Wenn aber Gott keine hoffnungslosen Fälle kennt, warum tun wir dann so, als gebe es sie? Wenn Gott niemanden aufgibt, dann haben *wir* nicht das Recht es zu tun!

Für unseren Umgang mit den vermeintlich Verlorenen können wir von Jesus lernen: „Dieser nimmt die Sünder an und isst mit ihnen“. Einen Menschen annehmen, das heißt: ihn grundsätzlich für wertvoll halten. Wie sehr auch immer ein Mensch sich vom Ebenbild Gottes entfernt hat, im Prinzip bleibt er es! Und wenn Jesus mit den Sündern aß, dann hieß das: Er hatte Gemeinschaft mit ihnen, machte sich mit ihnen gemein, stellte sich mit ihnen auf eine Stufe und so schützend vor oder hinter sie.

Das wäre unsere Aufgabe im Umgang mit den Verlorenen, Abgeschriebenen, Verurteilten. Nicht erst dann, wenn wir mit ihnen konkret zu tun bekommen, sondern immer schon dann, wenn wir über sie reden oder an sie denken. Und wir sollten bedenken, dass Jesus sie aufsuchte, wie der Hirte, der seinem verlorenen Schaf nachging. Es reicht nicht, wenn wir in christlicher Großzügigkeit sagen: „Wir haben nichts gegen diese Menschen; sie sind ja auch Gottes Geschöpfe.“ Gott erwartet gewiss auch von uns, dass wir sie aufsuchen. Von allein kommen sie nicht.

Doch es sind nicht nur die gemeint, die aus der gesellschaftlichen Achtung herausgefallen sind, sondern auch die ihre christliche Orientierung verloren bzw. aufgegeben, aufgekündigt haben, die für das Evangelium verloren sind: Atheisten, Anhänger des Neu-Heidentums, heutige Normalbürger. Wir akzeptieren sie, haben Gemeinschaft mit ihnen, fast gleichen wir uns ihnen an. Aber gehen wir ihnen nach? Sprechen wir sie auf den Glauben hin an? Versuchen wir, ihnen die christliche Botschaft wieder nahezubringen?

Was heißt es in Bezug auf sie, dass Gott sie nicht verlorengibt? Und was bedeutet das für unser Verhältnis zu ihnen? Wir brauchen Mut und Einfühlungsvermögen, um zur rechten Zeit die richtigen Worte zu finden, um ihnen wieder Orientierung anzubieten. Und wir müssen mit Worten und unserem ganzen Verhalten deutlich machen, dass nicht wir Christen etwas Überflüssiges zu viel haben, sondern sie etwas Notwendiges zu wenig; dass ihnen der Glaube fehlt, der ihnen Halt geben und sie tragen kann im Leben und im Sterben.

Wenn wir zu Gottes Mitarbeitern werden bei der Suche und beim Aufspüren Verlorener, dann kann das ein sehr mühsames und manchmal auch sehr frustrierendes Geschäft sein. Aber wenn es dann geschieht, dass jemand umkehrt, wieder nach Gott und Glauben fragt, dann werden auch wir etwas spüren von der Freude, die darüber dann im Himmel sein wird. Und diese Freude wird dann auch uns erfüllen. Amen.

Vom rechten Gebrauch protestantischer Freiheit
Markus 2, 23 - 28

*23 Und es begab sich, dass er am Sabbat durch ein Kornfeld ging, und seine Jünger fingen an, während sie gingen, Ähren auszuraufen. 24 Und die Pharisäer sprachen zu ihm: Sie doch! Warum tun deine Jünger am Sabbat, was nicht erlaubt ist? 25 Und er sprach zu ihnen: Habt ihr nie gelesen, was David tat, als er in Not war und ihn hungerte, ihn und die bei ihm waren: 26 wie er ging in das Haus Gottes zur Zeit Abjatars, des Hohenpriesters, und aß die Schaubrote, die niemand essen darf als die Priester, und gab sie auch denen, die bei ihm waren? 27 Und er sprach zu ihnen: Der Sabbat ist um des Menschen willen gemacht und nicht der Mensch um des Sabbats willen. 28 So ist der Menschensohn ein Herr auch über den Sabbat. (*Markus 2, 23 – 28)

Für Viele ist die Sache klar: Der Text zeigt, dass die Gebote und Ordnungen nur untergeordnete Bedeutung haben. Das Gebot der Sabbatheiligung und auch andere können in Jesu Namen getrost außer Kraft gesetzt werden. Und das dient ihnen dann als Fundament für das fragwürdige Gebäude einer protestantischen Freiheit, nach der alles erlaubt und der willkürlichen persönlichen Entscheidung überlassen ist: Protestanten *müssen* nicht zum Gottesdienst gehen, kein Gebot zwingt sie. Sie müssen nicht beichten oder fasten, nicht aktiv am Gemeindeleben teilnehmen, nicht auf das Gebot der Sonntagsheiligung Rücksicht nehmen … „Der Sabbat ist für den Menschen da“, Ordnungen sollen dem Menschen dienen. Also halte ich nur die Ordnungen ein, die mir passen!

Am vorliegenden Fall, dem Gebot der Sabbatheiligung, wird deutlich, dass es so einfach nicht geht. Es hat ja eine neue (wenn auch ein wenig veränderte) Aktualität bekommen: das Problem der Sonntagsarbeit.

Wenn sich die Kirchen vehement dagegen wehren, dass der Sonntag zum normalen Arbeitstag gemacht wird, dann nicht nur deshalb, dass möglichst viele die Gelegenheit zum Gottesdienstbesuch haben sollen, sondern vor allem, weil der nach Gottes Gebot eingesetzte Feiertag der Woche dann nicht mehr geheiligt wird.

Der Mensch verstößt so nicht nur gegen Gottes Gebot, sondern er nimmt sich selbst die Möglichkeit,

1. zur Ruhe zu kommen,
2. zu sich selbst zu finden,
3. sich auf seinen Schöpfer zu besinnen.

Die schöpferische Ruhepause im Wochenrhythmus ist so wichtig wie das richtige Atmen und der ausreichende Schlaf. Die Beachtung des Sabbatgebotes ist notwendig.

Erst wenn mir das klar ist (und Jesus hat das ja auch nicht bestritten), darf ich einschränken: Sie ist *bedingt* notwendig. Denn auch die Ausnahme kann notwendig sein: Wenn Menschen Hunger haben und dieses menschliche Grundbedürfnis befriedigen, indem sie Ähren ausraufen, tun sie etwas, was ja mit dem Gebot auch gewollt ist: Sie kommen wieder zu Kräften.

Unangemessen und gesetzlich kleinkariert ist es, in diesem Zusammenhang vom Übertreten des Gesetzes zu sprechen, weil das Ährenraufen eine Form des Dreschens und somit Arbeit sei. Ebenso kleinkariert wäre es, Pfarrern oder Ärzten, Taxifahrern oder Kellnern zu verbieten, sonntags zu arbeiten. Allerdings sollten sie sich fragen, wann und wie *sie* denn ihren „Sabbat“ feiern.

Wenn es aber um die Frage geht, ob man den Sonntag zum normalen Arbeitstag machen soll, müssen sich die Befürworter fragen lassen, wo denn die eigentliche menschenfeindliche Gesetzlichkeit liegt: bei denen, die nach Möglichkeit die heilsame Bedeutung und Wirkung des Gebotes der Sonntagsheiligung bewahren wollen, oder bei denen, die meinen, man müsse sich Sachzwängen und Zeitgeist unterordnen; bei denen, die sich unter allen Umständen und „auf Teufel komm raus“ dem Gesetz der Profitmaximierung unterwerfen müssen – und alle anderen ebenso!

Was am Beispiel des Sabbatgebotes deutlich zu machen ist, gilt prinzipiell für alle göttlichen und menschlichen Gebote, Regeln und Ordnungen:

„Der Sabbat ist für den Menschen da“, das heißt nicht: Das Gebot unterliegt grundsätzlich der menschlichen Willkür, sondern das heißt zunächst einmal: Das Gebot hat das Ziel, dem Wohl des Menschen zu dienen. Der Mensch wird aber von Jesus nicht „Herr des Sabbat“ genannt, sondern er selbst beansprucht dies zu bleiben.

Wenn aber Ordnungen dem Wohl der Menschen dienen sollen, dann müssen sie so eingehalten oder ausgesetzt beziehungsweise übertreten werden, wie es dem „Herrn des Sabbat“, wie es dem Willen Jesu entspricht.

Dann kann es im Sinne Jesu erlaubt oder gar geboten sein, ein Gebot zu übertreten: Etwa wenn es notwendig ist, einem schwer kranken Menschen nicht sofort die ganze Wahrheit über seinen bedrohlichen Zustand zu sagen. Manchmal sind wir da bei aller vermeintlichen evangelischen Freiheit noch viel zu ängstlich.

Wo wir oft ängstlich an Ordnungen kleben, sieht Jesus Menschen mit den Augen der Liebe und räumt ihnen weit mehr Freiheiten ein, als wir ihnen zugestehen möchten! Wenn wir danach fragen, ob es dem Leben bejahenden Willen Jesu entspricht, dürfen wir gegebenenfalls so frei sein und Gebote und Ordnungen aussetzen.

Andererseits aber werden wir genau so, wenn wir erkennen, das es im Sinne Jesu hilfreich und notwendig ist, das Gebot zu beachten, dieses freudig bejahen und uns nicht eingeengt oder geknechtet fühlen.

Hier die rechte Unterscheidung zu treffen, ist immer neu notwendig und geboten: Wann gilt es, Ordnungen, Gesetze, Gebote oder Regeln zu befolgen, wann dürfen sie außer acht gelassen, wann müssen sie ausgesetzt werden? Das muss immer neu verantwortlich bedacht werden!

Zur protestantischen Freiheit gehört es auch, von Menschen gemachte Gesetze und Ordnungen um Gottes und der Menschen willen zu hinterfragen: Dienen sie wirklich dem Wohl der Menschen, oder nur einem Teil der Menschen, der Menschen zum Beispiel, die die Gesetze gemacht haben. Oder richten sie sich gar gegen Menschen, bestimmte Menschengruppen, Völker oder Rassen?

Auch tradierte kirchliche Ordnungen sind immer neu um Gottes und der Menschen willen zu hinterfragen, zu verändern oder abzuschaffen. So wird ja auch bereits in der evangelischen Kirche die Kirchenordnung (was zum Beispiel Sexualmoral, gleichgeschlechtliche Partnerschaften, Friedensethik oder Trauung Konfessions-verschiedener betrifft) regelmäßig überarbeitet.

Es ist ein oft mühsames, aber lohnendes Geschäft: die große Chance evangelischer Freiheit wahrzunehmen, im Bewahren oder Aussetzen beziehungsweise Verändern der Ordnungen.

Dabei ist es wichtig, dass wir für das freie Wirken des befreienden Geistes Gottes offen sind. Um das aber sein zu können, brauchen wir Zeit, Ruhe, Gelassenheit und Gottvertrauen.

Doch damit sind wir wieder am Anfang: Wir brauchen den Sonntag, die schöpferische, entlastende Pause, Zeit zur Rückbesinnung auf unseren Herrn. Amen.

In Gottes Augen bist du wer. - Steh dazu
Römer 1, 16.17

Ein Gespräch am Arbeitsplatz: „Sie lassen ihr Kind taufen? Wusste gar nicht, dass Sie so ein Frommer sind!“ - „Bin ich ja gar nicht. Aber die Taufe schadet dem Kind ja bestimmt nicht. Und nachher kann es sich ja selbst entscheiden. War eben auch der Wunsch der Großeltern. - Außerdem: Ist ja auch mal ein netter Anlass, die Verwandtschaft wiederzusehen.“

Ein anderes Gespräch zwischen Nachbarn: „Ich hab gehört, Sie sind in den Kirchenvorstand gewählt worden. Hab ja noch nie was davon gemerkt, dass Sie so viel vom christlichen Glauben halten. Da sprechen Sie doch nie drüber.“ - „Muss ich ja auch nicht.“ - Aber wenn man so bewusst als Christ lebt, muss man die anderen das doch spüren lassen. Wenn ich von einer Sache begeistert bin, dann *muss* ich doch davon weitersagen!“ - „Vielleicht haben Sie recht, aber das ist schwerer als Sie denken.“

Auf dem Heimweg nach der Schule ein Gespräch zwischen Jugendlichen: „Gehst du zum Konfer?“ - „Ja.“ - „Ich nicht; ich find das blöd.“ - „Ich geh ja nur, weil meine Eltern das wollen.“ Dass es ihm mittlerweile Spaß macht, traut sich der Schüler nicht zu sagen.

Paulus schreibt im Brief an die Gemeinde in Rom:
16 Denn ich schäme mich des Evangeliums nicht; denn es ist eine Kraft Gottes, die selig macht alle, die daran glauben, die Juden zuerst und ebenso die Griechen. 17 Denn darin wird offenbart die Gerechtigkeit, die vor Gott gilt, welche kommt aus Glauben in Glauben; wie geschrieben steht: <Der Gerechte wird aus Glauben leben.> (Römer 1, 16. 17)

„Ich schäme mich des Evangeliums nicht“! Könnten wir doch mit ähnlicher Unbefangenheit vom Glauben reden! Nicht überheblich fromm, nicht vollmundig, blasiert, sondern einfach, selbstverständlich, unbefangen, überzeugt und engagiert.

Christinnen und Christen haben es weitgehend verlernt, zu ihrem Glauben zu stehen:

- Sie fühlen sich in die Defensive gedrängt, meinen sich für ihr Christsein rechtfertigen zu müssen - als sei es eine Schande Christ zu sein.
- Sie entwickeln keine Dynamik, keine Begeisterung, keine Fantasie, eben weil sie sich ihres Glaubens schämen, sich nicht trauen, offen dazu zu stehen. Da braucht nur jemand lauthals zu sagen: „Das ist doch alles Quatsch!“, und schon fehlt ihnen der Mut, ihren Glauben zu vertreten.
- Die eigene Religion gehört heute zur absoluten Intimsphäre. Über andere Religionen lässt sich gut reden und urteilen, aber die eigene ist zur reinen Privatangelegenheit geworden.

Dass das irgendwie nicht in Ordnung ist, spüren wir alle, Christen wie Nichtchristen. Aber wie kommt es, *dass* es so ist?

1. Viele denken so: „Wenn mein Glaube schwach und verunsichert ist, wenn mich selbst Zweifel plagen, wie soll ich dann mit anderen über den Glauben reden? Ihre Ablehnung wird meine Zweifel verstärken, und meine Zweifel schwächen meine Position.“ Also halten sie sich lieber zurück.
2. Wenn Menschen sich nicht eindeutig auf ihren Glauben einlassen, sondern ihn sozusagen als Luxus für die Seele ansehen, den man sich hin und wieder einmal leistet, wenn sie nur halbherzig glauben, dann werden sie weder die Kraft noch die Bereitschaft haben, offen über ihren Glauben zu reden.
3. Das heute gültige Menschenbild vom starken, autonomen Menschen lässt keinen Raum für Glauben. Der moderne Mensch ist nur sich selbst verantwortlich, ist stark und unabhängig. Der religiöse Mensch ist Gott verantwortlich, hat Schwächen und weiß sich von Gott abhängig. Das ist für den modernen Menschen völlig unzumutbar. In seinen Augen ist Abhängigkeit Schwäche, und Schwäche ist minderwertig.

Doch dass dieser moderne Mensch einer großen Einbildung, einem katastrophalen Selbstbetrug aufsitzt, der ihn dazu verurteilt, einer zu sein, der er niemals sein kann, das erkennen viele nicht und wollen es auch nicht wahr haben. Die Folge ist, dass Menschen, die sich ihre Schwächen nicht eingestehen können, sich ihre Ängste verbieten, in ihrer Selbstbezogenheit und Autonomie vereinsamen, weil sie niemanden haben, der sie tröstet, der sie festhält, der ihnen Mut macht. Und: weil sie nie Christenmenschen trafen, die den Mut hatten, ihnen von dem zu erzählen, der tröstet, festhält, ermutigt und bewahrt.

Ein neues Selbstbewusstsein tut uns Christen und Christinnen not! Wir brauchen einen klaren Blick dafür, was uns der Glaube bedeutet. Und wir brauchen mehr Mut, davon zu reden. Und diesen Mut bekommen wir - durch Übung!

Fangen Sie einfach einmal an, von Ihren guten Erfahrungen mit dem Glauben zu reden. Sie werden die Erfahrung machen, dass andere hellhörig werden. Manche werden nachdenklich oder interessiert. Manche spielen vielleicht den Gleichgültigen. Manche reagieren vielleicht mit Spott. Doch auch das ist oft ein Zeichen dafür, dass etwas verstanden wurde. Spott ist oft Ausdruck von Neid!

Mit welcher Begeisterung erzählen Menschen oft von den unwichtigsten Nebensachen! Wenn Deutschland Weltmeister wird, wenn der Urlaub ein Traumurlaub war … dann sind viele aus dem Häuschen. Ich kann das verstehen, aber es ist trotzdem total nebensächlich!

Vom Evangelium weiterzusagen, das ist keine Nebensache; da geht es ums Ganze! Deshalb hätten wir allen Grund dazu, andere Menschen daran teilhaben zu lassen. Paulus sagt vom Evangelium: „ … denn es ist eine Kraft Gottes, die selig macht alle, die daran glauben“. Und diese Aussage meint nicht nur die Seligkeit des ewigen Lebens, sondern auch Glückseligkeit in diesem zeitlichen Leben.

Das Evangelium als Anleitung zur Glücklichsein? „Anleitung“ wäre wohl der falsche Ausdruck, aber eine gute tragfähige Grundlage zum Glücklichsein ist es in der Tat! Denn es ist die gute Botschaft von Gottes unbedingter und grenzenloser Liebe. Sie gibt Kraft zum Leben und stärkt die Seele mehr als alles andere, was Menschen sich dazu ausdenken könnten. Denn es bedeutet:

- Du bist geliebt.
- Du darfst so sein, wie du bist mit deinen Schwächen und Fehlern; und kannst dich deshalb zum Besseren ändern.
- Du bist wertvoll und geachtet, hast eine unverlierbare Würde als Gottes Geschöpf.
- Du bist gewollt.

Und Paulus beschreibt das Wunderbare des Evangeliums noch näher: „Denn darin (im Evangelium) wird Gottes Gerechtigkeit offengelegt“, eine uns Menschen fremde Gerechtigkeit! Es lohnt sich, darüber genauer nachzudenken. Sie stand im Zentrum des Denkens von Paulus. An dieser Stelle hatte Luther seine entscheidende Erkenntnis, und hier liegt die Basis protestantischen Denkens.

Gottes Gerechtigkeit meint nicht: Gott beurteilt den Menschen nach seinen guten, beziehungsweise bösen Taten gerecht, sondern: Gott *macht* den Menschen, unabhängig von seinen Taten, gerecht. Das bedeutet: Vergebung statt Verurteilung, Annahme statt Ablehnung. Gott rechnet unsere Verdienste nicht an, Gott sei Dank! „Verdient“ hätten wir etwas anderes!

Und dieses Evangelium ist nicht die Botschaft von einer überheblichen, herablassenden Gnade, sondern von der (in Jesus) herunter gekommenen Liebe Gottes.

Luthers Frage „Wie bekomme ich einen gnädigen Gott?“ ist heute den Menschen fremd. Sie fragen eher: „Wie erfährt mein Leben Sinn?“ und

„Wie werde ich in Zeiten, in denen alles abwärts geht, bewahrt? Was gibt meinem Leben Halt?“.

Aber auch auf diese Fragen gibt das Evangelium Antwort und kann so zu einer Lebenskraft werden: Da ist ein Gott, der zerbrochenes Leben heilt, der seine Geschöpfe nicht im Stich lässt, sondern den Trostlosen nachgeht und sie bewahrt.

Das aber kann nur der erfahren, der es glaubt. Und „glauben“ ist weit mehr als ein „Fürwahrhalten“. Es meint: sich verlassen und vertrauen. Ein Seiltänzer spannte ein Seil vom Rathaus zur Kirchturmspitze und fragte die Leute: „Glaubt ihr, dass ich einen Menschen in einer Schubkarre über dieses Seil fahren kann?“ als alle seine Frage bejahten, fragte er, wer denn bereit sei, sich in die Schubkarre zu setzen. Dazu war jedoch niemand bereit. Sie glaubten ihm nicht wirklich.

Nichts haben wir mitzubringen, nichts, womit wir Gottes Ja zu uns verdienen könnten. Nur: Ohne die Bereitschaft, dieses Ja anzunehmen, diese Kraft in unserem Leben wirken zu lassen, haben wir nichts davon. Dann ist das so wie bei einem nicht eingelösten Scheck.

Wenn wir aber diese eine schwere Übung gelernt haben: uns von Gott beschenken zu lassen, unsere Schwächen und Unzulänglichkeiten zuzugeben, wenn wir erkennen, dass wir uns weder ins rechte Licht rücken können noch müssen, dann müsste es auch möglich sein, uns anderen Menschen gegenüber so darzustellen:

Ich bin nicht der große Könner, der Kluge, der Schöne, der Starke, der Perfekte, der Korrekte, der Vorbildliche ... Ich bin oft schwach, unfähig, auf Hilfe angewiesen. Aber ich bin dennoch liebenswert, denn Gott hält mich seiner Liebe für wert! Amen.

Kapitel II
Glauben, innerer Halt, Trost und Hoffnung

Kein Mensch wird von Leiden verschont. Auf die Frage, warum Gott das zulässt, werden wir ehrlicherweise keine befriedigende Antwort finden. Aber wir könnten Trost finden im Leben, Leiden und Sterben Jesu. Durch sein - ihm selbst sinnlos erscheinendes - Leiden („Mein Gott, mein Gott, warum hast du mich verlassen?“) nimmt Jesus Anteil am Leiden aller Menschen. Und durch die Art und Weise, wie er sein Leiden erträgt („Nicht mein Wille, sondern dein Wille geschehe!“; „Vater, in deine Hände befehle ich meinen Geist.“) kann er uns zu einem tröstenden Vorbild werden. Paulus hat es unter anderem so ausgedrückt: „Gott ist in den Schwachen mächtig.“

Doch immer wieder ist auch der getröstete Glaube Anfechtungen ausgesetzt. Deshalb ruft der angefochtene Glaube nach Gott: „Ich glaube; hilf meinem Unglauben!“

Es ist wichtig, sich in Zweifel und Anfechtung an Gott selbst zu wenden. Und es tut gut, die Unbefangenheit kindlichen Glaubens zu bewahren („Wenn ihr nicht werdet wie die Kinder, so könnt ihr nicht ins Reich Gottes gelangen.“) und den Glauben nicht dem Tribunal der Vernunft auszusetzen, die in Sachen Glauben nun einmal nicht zuständig ist.

Um unseren Glauben immer wieder neu zu stärken und leben zu können, ist es notwendig, das Böse und Zerstörerische in uns und um uns wahrzunehmen und ihm zu widerstehen, und das Unsere dafür zu tun, dass wir festen Halt gewinnen und behalten.

Was uns tröstet, und wie wir trösten können
2. Korinther 1, 3 - 7

3 Gelobt sei Gott, der Vater unseres Herrn Jesus Christus, der Vater der
Barmherzigkeit und Gott allen Trostes, 4 der uns tröstet in aller unserer
Trübsal, damit wir auch trösten Können, die in allerlei Trübsal sind, mit
dem Trost, mit dem wir selber getröstet werden von Gott. 5 Denn wie die
Leiden Christi reichlich über uns kommen, so werden wir auch reichlich
getröstet durch Christus. 6 Haben wir aber Trübsal, so geschieht es euch
zu Trost und Heil. Haben wir Trost, so geschieht es zu eurem Trost, der
sich wirksam erweist, wenn ihr mit Geduld dieselben Leiden ertragt, die
auch wir leiden. 7 Und unsre Hoffnung steht fest für euch, weil wir wissen:
wie ihr an den Leiden teilhabt, so werdet ihr auch am Trost teilhaben. (2.
Korinther 1, 3 - 7)

Es geht um Leiden und Trost. Für viele von uns ist das ein hoch aktuelles Thema. Doch die Sprache des Paulus ist uns fremd und schwer zugänglich.

Schon der Anfang des Textes ist schwer verständlich, nicht wegen der Sprache, sondern wegen der Aussage: Da geht es doch um Leid und Trübsal; und auch Paulus selbst befindet sich in einer prekären Situation - er wird verfolgt, erleidet Misserfolge in seiner Missionsarbeit, wird mit bösen Missständen in der Gemeinde der Korinther konfrontiert - und da beginnt er mit dem Aufruf: „Gelobt sei Gott“!

Vielleicht, weil es sich für einen Pastoralbriefschreiber so gehört? Darauf würde wohl Paulus keine Rücksicht nehmen. Nein, es ist einfach typisch für Paulus. Das ist eben seine Grundhaltung: Was auch immer geschieht, wie auch immer die Wirklichkeit aussieht, zuerst und vor allem muss Gott gelobt werden! So hat er es auch gemacht, als er auf einer seiner Missionsreisen in das finstere Gefängnis geworfen und in den Block gelegt wurde, da hat er erst einmal Gott gelobt! - Glücklich der Mensch, der das so sehen kann wie Paulus!

Doch wie geht es weiter? Die Argumentation des Paulus klingt zunächst ganz logisch: Der Gott allen Trostes tröstet uns in aller unserer Trübsal, damit auch wir durch den Trost, den wir erfahren, andere trösten können.

Doch wodurch wird denn Paulus getröstet? Was bewirkt in ihm Trost? „Denn wie die Leiden Christi reichlich über uns kommen", sagt er „so werden auch wir reichlich getröstet durch Christus". Auch das klingt irgendwie logisch. Doch Paulus sagt nicht, worin die Leiden Christi, die über uns kommen, denn bestehen. Und er sagt auch nicht, wie *er* denn durch die Leiden Christi getröstet wird.

Wenn uns diese Worte des Paulus etwas bedeuten sollen, müssen wir uns fragen: Wie kommen denn „die Leiden Christi reichlich" über uns? Vielleicht, indem wir am Leiden Jesu Anteil nehmen, seine Passion bedenken, mit in seinen Schrei am Kreuz eintauchen und nachempfinden: „Mein Gott, mein Gott, warum hast du mich verlassen?!".

Vielleicht indem wir Anteil nehmen am Leiden Gottes in der Welt, unter seinen Menschen. Dietrich Bonhoeffer dichtet: „Menschen gehen zu Gott in seiner Not, finden ihn arm, geschmäht, ohne Obdach und Brot, sehn ihn verschlungen von Sünde, Schwachheit und Tod. Christen stehn bei Gott in Seinem Leiden".

Vielleicht, indem wir schmerzhafte Konsequenzen des Glaubens an Jesus Christus auf uns nehmen. Bei Paulus war das - wie heute in weiten Teilen der Welt auch bei anderen Christinnen und Christen - Verfolgung und Todesgefahr. Bei uns hier ist es vielleicht eher die Erfahrung von Verachtung oder gar nicht erst zur Kenntnis genommen zu werden. Oder der besondere Einsatz von Zeit und Kraft. Wer seinen Glauben konsequent und glaubwürdig leben will, etwa wenn es um den Einsatz für Schwache und Ausgegrenzte in unserer Gesellschaft geht, muss mitunter mit erheblichen Widerständen und notwendigen Opfern rechnen.

Wenn wir es nun so mit den Leiden Christi zu tun bekommen, wie kann dann für uns daraus folgen, dass wir getröstet werden? Was kann daran tröstlich sein, wenn wir Anteil nehmen an den Leiden Jesu, am Leiden Gottes an seinen Menschen, an den Leiden der Geschwister Jesu?

Es ist wohl die Erkenntnis, dass Jesus in seinem Leiden auch Anteil nimmt an unserem Leiden, dass er mit uns solidarisch geworden ist, wahres Mitleid gelebt hat. Und dass wir an ihm erkennen können, wie Gottvertrauen trotz Gottverlassenheits-erfahrung durchhält und durchträgt: „Vater, in deine Hände befehle ich meinen Geist", „nicht mein Wille, sondern dein Wille geschehe!"

Weil wir glauben, dass Gott Jesus durch den Tod hindurchgeführt hat, glauben wir auch, dass er sich in Jesu Leiden und Sterben als der erwiesen hat, der die vermeintlich endgültige Macht des Todes bricht, der den Tod in seine Grenzen weist und die Grenzen menschlichen Verstehens überschreitet, der auch uns durch den Tod hindurch tragen kann und will, und als der, auf den alle Lebenswege hinauslaufen.

Mitten im 2. Weltkrieg dichtete Arno Pötzsch:

„Du kannst nicht tiefer fallen als nur in Gottes Hand,
die er zum Heil uns allen barmherzig ausgespannt.

Es münden alle Pfade durch Schicksal, Schuld und Tod
doch ein in Gottes Gnade trotz aller unsrer Not.

Wir sind von Gott umgeben auch hier in Raum und Zeit
und werden in ihm leben und sein in Ewigkeit."

Ja, so tröstet Gott durch Jesus Christus: Er steht bei uns in unserem Leiden und nimmt Anteil. Er führt uns zu sich. Dabei führt er uns in der Regel nicht um das Leiden herum, aber gewiss durch das Leiden hindurch! -

Noch einmal Dietrich Bonhoeffer: „Gott geht zu allen Menschen in ihrer Not, sättigt den Leib und die Seele mit seinem Brot, stirbt für Christen und Heiden, und vergibt ihnen beiden.“

Solcher Tost ist nun allerdings nicht abrufbar! Mitunter durchleiden auch Christenmenschen trostlose Zeiten. Aber ich bin gewiss: Wenn wir nicht aufhören werden, auf Trost zu hoffen, wird er sich einstellen! Dazu brauchen wir Geduld!

Und ich bin davon überzeugt, dass Paulus Recht hat, wenn er sagt, dass die, die es mit Christi Leiden zu tun bekommen, auch durch Christus getröstet werden.

Glücklich der Mensch, der solchen Trost erfahren darf! Er hat - wie Paulus - Grund Gott zu danken. - Er sollte aber im Blick behalten, was Paulus daraus folgert, wenn Menschen Trost erleben: „... der uns tröstet, damit auch wir trösten können“. Wer Trost erfährt, erhält auch einen Auftrag: Teile den Trost mit anderen, die ihn nötig haben! Teile ihnen mit, was tröstet.

Das ist mitunter unsagbar schwer! Wie schnell kann ein wohl gut gemeintes Trostwort zur hohlen Phrase werden, ja verletzen und entmutigen?! „Du hast gut reden!“ „Du nimmst mich mit meinem Schmerz nicht ernst!“ Dann reden wir als Menschen, die für den, der Trost braucht, in einer anderen Welt leben. Und das kann eine Distanzierung mit unüberbrückbarem Gefälle verursachen.

Trost kann nur sehr behutsam geschehen. Von Hiobs Freunden, die diesen in großer Not und Verzweiflung trösten wollten, wird gesagt: „Sie weinten und saßen mit ihm auf der Erde sieben Tage und sieben Nächte und redeten nichts mit ihm; denn sie sahen, dass der Schmerz groß war“. Erst *dann* redeten sie.

Auch in der Notfallseelsorge lernt man, dass die entscheidende erste Hilfe für die Seele die ist, einfach da zu sein, zuzuhören, gemeinsam zu schweigen und Leid und Not auszuhalten und zu ertragen.

Wenn ich das dann tue als einer, dem man abspürt, oder von dem man weiß, dass er selbst Leidvolles ertragen und Trost gefunden hat, dann kann das zweifachen Trost bedeuten:

1. Der Trostbedürftige weiß sich verstanden, sieht sich nicht mehr alleine in seinem Kummer, seinem Leid. Er weiß, da ist jemand, der mich versteht.
2. Es kann in ihm die Hoffnung entstehen, dass auch er einmal Trost finden wird.

Wenn ich Menschen trösten möchte, werde ich ihnen keine Predigt halten, aber ich werde ihnen antworten, wenn sie mich danach fragen, worin meine Hoffnung gründet ist, was meinem Leben Sinn gibt, wodurch ich mich getröstet fühle. Und dann werde ich so antworten, dass mein Gegenüber merkt, dass ich mir darauf nichts einbilde, sondern dass ich das als ein Geschenk erleben kann, das Gott mir immer wieder macht - manchmal auch nach langer trostloser Zeit! Und dass er dieses Geschenk auch anderen machen will, wenn sie sich auf ihn einlassen und versuchen ihm zu vertrauen.

So können und sollen wir alle einander trösten, für einander da sein und uns gemeinsam Gott anvertrauen, der uns in Jesus Christus gezeigt hat, dass er immer, gerade auch in den schwersten Stunden, bei uns ist! Amen.

Von Ruhm, Stärke und Schwäche

2. Korinther 12, 1 - 10

1 Gerühmt muss werden; wenn es auch nichts nützt, so will ich doch kommen auf die Erscheinungen und Offenbarungen des Herrn. 2 Ich kenne einen Menschen in Christus; vor vierzehn Jahren - ist er im Leib gewesen? Ich weiß es nicht; oder ist er außer dem Leib gewesen? Ich weiß es auch nicht; Gott weiß es -, da wurde derselbe entrückt bis in den dritten Himmel. 3 Und ich kenne denselben Menschen - ob er im Leib oder außer dem Leib gewesen ist, weiß ich nicht; Gott weiß es -, 4 der wurde entrückt in das Paradies und hörte unaussprechliche Worte, die kein Mensch sagen kann. 5 Für denselben will ich mich rühmen; für mich selbst aber will ich mich nicht rühmen, außer meiner Schwachheit. 6 Und wenn ich mich rühmen wollte, wäre ich nicht töricht; denn ich würde die Wahrheit sagen. Ich enthalte mich aber dessen, damit nicht jemand mich höher achte, als er an mir sieht oder von mir hört. 7 Und damit ich mich wegen der hohen Offenbarungen nicht überhebe, ist mir gegeben ein Pfahl ins Fleisch, nämlich des Satans Engel, der mich mit Fäusten schlagen soll, damit ich mich nicht überhebe. 8 Seinetwegen habe ich dreimal zum Herrn gefleht, dass er von mir weiche. 9 Und er hat zu mir gesagt: Lass dir an meiner Gnade genügen; denn meine Kraft ist in den Schwachen mächtig. Darum will ich mich am allerliebsten rühmen meiner Schwachheit, damit die Kraft Christi bei mir wohne. 10 Darum bin ich guten Mutes in Schwachheit, in Misshandlungen, in Nöten, in Verfolgungen und Ängsten um Christi willen; denn wenn ich schwach bin, so bin ich stark. (2. Korinther 12, 1 - 10)

„Gerühmt muss sein“! Paulus kennt die Menschen, weiß, wie es unter ihnen zugeht. Der Verlockung, sich selbst besonders gut darzustellen, erliegen doch irgendwie alle. Da muss man ja nicht unbedingt krankhaft eitel und süchtig nach Anerkennung und Ruhm sein, da kann man sich auch ganz unbefangen und unabsichtlich in´s rechte Licht setzen und den Beifall der anderen genießen oder auch ganz bescheiden sein und dennoch darauf hoffen, dass andere von selbst auf die Idee kommen einen zu loben (zumindest für seine Bescheidenheit!).

Menschen scheinen das zu brauchen, die besondere Anerkennung der Anderen, Zustimmung und Lob. Und zwar von Kindesbeinen an. Erziehung beruht weitgehend auf Lob und Tadel, Belohnung und Strafe. Und Wissenschaftler haben nachgewiesen, dass Lob das wirksamere Element der Erziehung ist. Und so tun Menschen eben auch viel dafür gelobt zu werden - mitunter auch, wenn es auf Kosten der Anderen geht, nach dem Motto: Ich bin nicht nur gut, ich bin auch besser als andere! - Es ist so: „Gerühmt muss werden"!

Doch Paulus fährt fort: „... wenn es auch nichts nützt"! Paulus weiß genau, dass dieses Rühmen, dieses sich besonders Herausstellen letztlich sinnlos und unbegründet ist und zu nichts führt,

1. weil es einen Menschen letztlich nicht glücklich macht. Karriere z. B. führt selten zum Glück, meist eher zum Gegenteil. Erhaltenes Lob verblasst schnell und weckt die Sehnsucht nach weiterem Lob. Es ist schnell unwirksam und vergessen, wie eine Tafel Schokolade nach dem Verzehr oder ein neues Kleid, ein neues Auto nach der Anschaffung bald ihren Reiz verlieren. Und: alles, womit Menschen sich rühmen, ist letztlich vergänglich - mitunter sehr schnell!
2. weil eigentlich genau genommen niemand Grund hat, sich auf irgend etwas etwas einzubilden. Schon im ersten Brief hat Paulus seinen Korinthern (1. Korinther 4,7) mit auf den Weg gegeben: „Was hast du, Mensch, was du nicht empfangen hast?" Alle unsere Fähigkeiten sind letztlich Begabungen, uns von unserem Schöpfer gegeben.

Paulus sieht es klar: Menschen können anscheinend nicht anders als sich selbst zu loben. Aber es bringt nichts! - Um so erstaunlicher ist, dass er selbst es nicht sein lassen kann! Auch er erliegt der Versuchung, sich auf die Methoden seiner Kritiker einzulassen:
Nachdem Paulus die Gemeinde in Korinth verlassen hatte, traten dort andere Lehrer auf, die versuchten Paulus in Misskredit zu bringen und sich selbst besonders hervorzutun. Paulus sei ein schlechter Redner, sei krank

und gar kein richtiger Apostel, während sie besondere Offenbarungen und Erscheinungen vorzuweisen hätten, die sie als wahre Gemeindeleiter bestätigten.

Dagegen will Paulus sich zur Wehr setzen: Nun gut, wenn ihr meint, dass diese Lehrer deshalb die besseren Apostel sind, dann hört euch auch an, was ich erlebt habe: Erscheinungen und Offenbarungen des Herrn habe ich erlebt und war bis in den dritten Himmel, ja bis zum Paradies entrückt und habe unaussprechliche Worte gehört. Das war unbeschreiblich und mit Worten nicht zu beschreiben. Es war fast, als sei ich ein andere Mensch gewesen!

Paulus hat sich verleiten lassen sich selbst zu rühmen, obwohl er weiß, dass es töricht ist. Deshalb berichtet er gleichzeitig davon, wie Gott ihm wieder die Augen dafür geöffnet hat, wie unsinnig das Rühmen ist, und was dagegen wirklich hilfreich und sinnvoll ist.
Gott hat ihn mit einer schlimmen Krankheit geschlagen (hatte ihm einen „Engel des Satans" geschickt), die ihm sein Leben und seine Arbeit sehr erschwerte. Vermutlich handelte es sich um Epilepsie. Das war für Paulus keine Strafe Gottes (das hatte er von Hiob und von Jesus gelernt), aber er erlebte seine Krankheit als eine Zumutung Gottes. Gott wird also wissen, warum er sie ihm zumutet. Und Paulus fragt für sich nach dem Sinn solcher Zumutung und findet die Antwort: „damit ich mich nicht überhebe", damit ich in meinem Amt als Apostel und Lehrer nicht überheblich werde. Paulus erkennt so für sich ganz persönlich einen Sinn.

Krankheit und Leid können für verschiedene Menschen ganz verschiedenen Sinn haben. Und es ist überheblich und unangebracht, einem anderen Menschen zu erklären, was der Sinn seiner Krankheit oder von Leiden allgemein ist. Doch mitunter können Menschen einen Sinn in ihrer Krankheit finden, wenn sie nicht fragen: *warum* hat Gott mir die Krankheit zugemutet, sondern *wozu* hat er das? - Als ich mit dem Taxi zur Beseitigung eines schweren Herzfehlers zum Krankenhaus fuhr, fragte mich der Taxifahrer:

Warum meinen Sie, hat Ihnen Gott so eine Krankheit gegeben?“ Und als ich antwortete: „Vermutlich wollte er, dass ich als Seelsorger für alle die Menschen, denen Ähnliches passiert, Verständnis habe“, meinte er: „Ja, das kann ich mir gut vorstellen!“

So kann jede Krankheit einen individuell verschiedenen Sinn haben. Für Paulus war seine Krankheit eben ein „Pfahl im Fleisch“, der ihn dauerhaft daran erinnern sollte, dass er anfällig, schwach, ohnmächtig ist und dass er nicht aus eigener Kraft lebt, sondern weil Gott es ihm ermöglicht und so weit es Gott ermöglicht.

Das ist auch für Paulus nicht einfach hinzunehmen. Deshalb hat er mehrfach Gott angefleht, ihn von diesem Leiden zu befreien. Doch Gott gab ihm darauf eine Antwort, die schwer und wunderbar zugleich ist: „Lass dir an meiner Gnade genügen!“ Das heißt: Meine Gnade, die Zusage, dass ich bei dir bin, dass ich dich nicht verloren gebe, dass ich dich mit deinen Lasten tragen und bewahren will bis zum Tod und durch den Tod hindurch, das soll dir genügen! Das ist wichtiger als alles, auch wichtiger als deine Gesundheit. Lern darauf zu vertrauen!

Das ist leichter gesagt als getan! Und oft ein langer und mühsamer Lernprozess, ein Prozess, der wohl nie zu Ende ist. Aber ein wichtiger und lohnender Prozess!

Einige Menschen können das: krank, ohnmächtig, hilflos..., aber davon überzeugt sein: Gott ist auf meiner Seite, steht mir bei, meint es gut mit mir: Etwa Dietrich Bonhoeffer im Gefängnis, den Galgen vor Augen: „Von guten Mächten wunderbar geborgen erwarten wir getrost, was kommen mag. Gott ist bei uns am Abend und am Morgen und ganz gewiss an jedem neuen Tag.“ Oder Jochen Klepper, von den Nationalsozialisten in den Tod getrieben: „Ja ich will euch tragen bis ins Alter hin, und ihr sollt einst sagen, dass ich gnädig bin.“ Oder Paul Gerhard im letzten Jahr des grausamen dreißigjährigen Krieges: „Er gebe uns ein fröhlich Herz, erfrische

Geist und Sinn und werf all Angst, Furcht, Sorg und Schmerz in´s Meeres Tiefe hin“.

Aber nicht nur berühmte Christen lebten so. In meiner Arbeit als Pfarrer bin ich manches Mal losgegangen, um Menschen in ihrem Leid zu trösten, und bin selber als ein durch sie Getrösteter wieder nach Hause gegangen, weil ich von ihrer Zuversicht und ihrem Gottvertrauen angerührt wurde.

Solche Menschen haben die Erfahrung des Paulus gemacht, zu dem Gott sagte: „Lass dir an meiner Gnade genügen, denn meine Kraft ist in den Schwachen mächtig“, die Erfahrung des Paulus, der die Kraft der Gnade Gottes erfahren durfte und der es so ausdrücken konnte: „ ... denn wenn ich schwach bin, dann bin ich stark“.

Wie soll das gehen? Das Erleben eigener Schwachheit kann Menschen davon abbringen, auf eigene Stärke zu bauen und lässt sie dann danach fragen, was wirklich hilft. Und dann kann das Herz dafür offen werden, dass es Gott ist, der mir gnädig ist, der mich in meinem Leid und meinem Elend sieht und nicht darin untergehen lassen wird. Gott, bei dem ich meine Fragen und Probleme, meine Ohnmacht und mein Leid abgeben darf, weil seine Gnade mich halten will, und weil er es gut mit mir meint und letztlich alles zum Guten führen wird.

So kann aus der eigenen Schwäche mit Gottes Hilfe Stärke werden, wenn Gott unsere Ohnmacht in Zuversicht und unsere Ängste in Hoffnung auf ihn verwandelt. Wenn wir es lernen, uns ganz in Gottes Hand zu geben, wohl wissend, dass uns dann letztlich nichts Böses geschehen kann.

Das kann ganz schön stark machen, gelassen und letztlich auch glücklich! Und das wünsche ich uns allen. Amen.

„Hilf meinem Unglauben!“
Markus 9, 17 - 29

17 Einer aber aus der Menge antwortete: Meister, ich habe meinen Sohn hergebracht zu dir, der hat einen sprachlosen Geist. 18 Und wo er ihn erwischt, reißt er ihn; und er hat Schaum vor dem Mund und knirscht mit den Zähnen und wird starr. Und ich habe mit deinen Jüngern geredet, dass sie ihn austreiben sollen, und sie konnten's nicht. 19 Er aber antwortete ihnen und sprach: O ihr ungläubiges Geschlecht, wie lange soll ich bei euch sein? Wie lange soll ich euch ertragen? Bringt ihn her zu mir! 20 Und sie brachten ihn zu ihm. Und sogleich, als ihn der Geist sah, riss er ihn. Und er fiel auf die Erde, wälzte sich und hatte Schaum vor dem Mund. 21 Und Jesus fragte seinen Vater: Wie lange ist's, dass ihm das widerfährt? Er sprach: Von Kind auf. 22 Und oft hat er ihn ins Feuer und ins Wasser geworfen, dass er ihn umbrächte. Wenn du aber etwas kannst, so erbarme dich unser und hilf uns! 23 Jesus aber sprach zu ihm: Du sagst: Wenn du kannst – alle Dinge sind möglich dem, der da glaubt. 24 Sogleich schrie der Vater des Kindes: Ich glaube; hilf meinem Unglauben! 25 Als nun Jesus sah, dass das Volk herbeilief, bedrohte er den unreinen Geist und sprach zu ihm: Du sprachloser und tauber Geist, ich gebiete dir: Fahre von ihm aus und fahre nicht mehr in ihn hinein! 26 Da schrie er und riss ihn sehr und fuhr aus. Und der Knabe lag da wie tot, so dass die Menge sagte: Er ist tot. 27 Jesus aber ergriff ihn bei der Hand und richtete ihn auf, und er stand auf. 28 Und als er heimkam, fragten ihn seine Jünger für sich allein: Warum konnten wir ihn nicht austreiben? 29 Und er sprach: Diese Art kann durch nichts ausfahren als durch Beten. (Markus 9, 17 – 29)

Eine wunderbare Geschichte! Für mich weniger, weil hier ein vermutlich epileptischer Junge auf wundersame Weise geheilt wird; eher, weil hier ein Mann zu Wort und Geltung kommt, der uns allen aus der Seele spricht: „Ich glaube; hilf meinem Unglauben!“ Es geht hier mehr um Glauben und Gebet als um Wunderheilung. Es ist eine wunderbare Glaubensgeschichte!

Da will ein Vater seinen kranken Sohn zu Jesus bringen. Er hatte von dessen Predigten und Wundertaten gehört und erhoffte sich durch ihn Heilung für seinen Sohn. Er trifft aber nur die Jünger an. Vielleicht können die auch helfen? Solche Erwartung ist ja nicht unberechtigt! Schließlich sind sie ja Jesu engste Vertraute. Und die Jünger versuchen es auch, aber vergeblich.

Als der Vater davon Jesus berichtet, reagiert der mit ungewöhnlich harscher Kritik: „O ihr ungläubiges Geschlecht, wie lange soll ich noch bei euch bleiben. Wie lange soll ich euch ertragen?“ Enttäuschung über die Jünger scheint hierin ihren Ausdruck zu finden. „Habt ihr so wenig verstanden von dem, was ich euch gesagt habe? So wenig übernommen von dem, was ich euch an Gottvertrauen vorgelebt habe?! Wie lange soll ich noch bei euch bleiben?“ Ohne Jesu Gegenwart scheint es mit dem Glauben schlecht bestellt. Wir kennen das: „Ja, wenn uns Jesus so begegnet wäre wie damals den Jüngern ...!“ Unser Glaube sehnt sich nach glaubwürdiger Bestätigung, braucht überzeugende Anhaltspunkte, an denen wir ihn festmachen können. „Ja, wenn Jesus heute unter uns lebte“ – dann ging es uns nicht anders als seinen Jüngern damals! Wenn er sich einmal kurzfristig von ihnen zurückzieht, zieht bei ihnen der Zweifel wieder ein. Oder wenn sie sich einmal ablenken lassen wie Petrus, dann verlässt sie der Glaube und sie gehen unter.

Jesus beklagt den Kleinglauben der Jünger, aber er gibt sie nicht auf. Auch nicht den Vater mit seinem kranken Sohn. „Bringt ihn zu mir“, ein Akt der Liebe und der Geduld. Als sie den Jungen zu Jesus bringen, bekommt er sogleich wieder einen Anfall. Für den Vater ist klar: Die Konfrontation mit Jesus erschüttert den bösen Geist.

Jesus befragt den Vater nach den näheren Umständen, führt sozusagen eine Anamnese durch. Der Vater erzählt und beendet seinen Bericht mit einem seltsamen Satz: „Wenn du aber etwas kannst, so erbarme dich unser und hilf uns.“ Das zeugt nicht gerade von unerschütterlichem Vertrauen. Es ist fast eine Beleidigung für Jesus! Wenn der Vater so unsicher ist, warum kommt er dann überhaupt zu ihm? Er kommt zu ihm nicht, weil er so von Jesu Fähigkeiten überzeugt ist, sondern weil seine Not so groß ist! Das Leid, das er erlebt, ist unerträglich! Immer die Angst vor dem nächsten Anfall …! Und wenn sonst keine Hilfe in Sicht ist, dann greift man schon mal zu einem Strohhalm, selbst wenn man vom möglichen Helfer nicht hundertprozentig überzeugt ist. Wer weiß, man kann es ja mal versuchen. Deshalb sagt der Vater: „Wenn du etwas kannst …“.

Jesu Antwort ist überraschend gelassen. Wir hätten vielleicht geantwortet: „Wenn du mir nichts zutraust, dann such dir doch jemand anders!“ Doch Jesus sagt: „Alle Dinge sind möglich dem, der da glaubt.“ Ein steiler Satz! Selbst wenn man ihn auf das reduziert, was er wirklich meint (genau wie der Ausspruch: „Glaube kann Berge versetzen.“): mit dem Glauben kann man alle Probleme bewältigen: Kummer ertragen, mit schweren Krankheiten, ja selbst mit dem Tod fertig werden. Aber ist das denn wirklich so? In wie vielen Situationen kapituliert nicht unser Glaube trotz aller Stärke?!

Also entweder ist Jesu Aussage eine Übertreibung, oder unser Glaube ist in der Tat ungenügend, so wie der der Jünger oder des Vaters. Mit der Aussage: „Alle Dinge sind möglich dem, der da glaubt" will Jesus zum Glauben motivieren: Es lohnt sich! Glaube hat eine große Verheißung! Und das sagt er zu einem Menschen, dem der Glaube nicht so recht gelingen will. Das heißt doch: Auch der kleine Glaube hat eine Chance!

Genau diese, uns allen sehr vertraute Situation erlebt der Vater und drückt sie so aus: „Ich glaube, hilf meinem Unglauben.“ Glauben und Unglauben, Vertrauen und Skepsis, Gewissheit und Zweifel liegen ganz nahe beieinander.

Gäbe es gar keinen Zweifel mehr, dann wäre der Glaube überflüssig, dann wäre er schon am Ziel, d.h. wir wären schon eins mit Gott. Doch so lange wir hier leben, werden wir diesen Zustand nicht erreichen. Doch unser Glaube ist dem Ziel mal mehr und mal weniger nahe; manchmal unerschütterlich und zutiefst zuversichtlich, ein andermal schwach, zerbrechlich, zaghaft und kleinlaut.

Doch je schwächer der Glaube, desto lauter wird und darf die Bitte sein: „Ich glaube, hilf meinem Unglauben!“ „Da ist Vertrauen in mir, nicht viel, aber doch Vertrauen! Und die Hoffnung, dass mein kleiner Glaube nicht ins Leere geht. Und deshalb bitte ich dich: Mach aus diesem kleinen einen starken Glauben, der sich ganz auf dich verlässt!“

Wie reagiert Jesus auf diese Bitte? Er sagt nicht: „Weil du doch noch ein wenig Glauben hast und mich um Hilfe bittest, will ich dein Vertrauen belohnen und dir helfen“. Wir lesen vielmehr: „Als nun Jesus sah, dass das Volk herbeilief, bedrohte er den unreinen Geist“ Das ist erstaunlich!

Offenbar will Jesus seine Hilfe nicht als Belohnung des (wenn auch kleinen) Glaubens verstanden wissen. Glaube wird zwar belohnt („Alle Dinge sind möglich dem, der da glaubt.), aber nicht immer so, wie wir es wünschen! Das wäre ein fatales Missverständnis unserer Geschichte! Ein Missverständnis, das viele Menschen, die meinten, wenn nur der Glaube stark genug sei, müsse auch jede Bitte erfüllt werden, in tiefe Verzweiflung getrieben hat!

Hätte Jesus den Sohn nicht geheilt, aber den Glauben des Vaters stark gemacht, dann hätte er ihm auch geholfen, nämlich an seiner Situation nicht zu verzweifeln und die Krankheit des Sohnes zu ertragen.

Starker Glaube kann in der Tat Heilung bewirken. Aber noch stärker ist der Glaube, der aushält, dass trotz inniger Gebete die Heilung ausbleibt (so wie Jesus im Garten Gethsemane beten konnte: „aber nicht mein Wille, sondern dein Wille geschehe!“). Die Frucht des Glaubens ist dann nicht nur, Leiden zu akzeptieren, sondern sich ganz in Gottes Hände geben zu können!

Wir können nur immer wieder darum bitten, dass der Zweifel nicht die Oberhand gewinnt, dass er immer wieder von unserem Glauben in die Schranken gewiesen wird, und immer wieder nachhaltig und dringend bitten: „Hilf uns in unserem Unglauben und stärke unseren Glauben!“ Der Vater schrie den Satz: „Ich glaube, hilf meinem Unglauben!“ laut heraus. Ihm war egal, was die anderer davon hielten.

Uns täte solche Leidenschaft und Hartnäckigkeit in Dingen des Glaubens gut! Statt enttäuscht zur Kenntnis zu nehmen, dass unser Glaube schwach und ohnmächtig ist, sollten wir uns nicht damit abfinden, dass das so ist, sondern Gott in den Ohren liegen, dass er unseren Glauben wieder stärkt. Wenn wir ihn aufrichtig bitten, wird er unsere Gebete erhören! Amen.

Was eine Gemeinde lebendig macht
Matthäus 21, 12 - 17

12 Und Jesus ging in den Tempel hinein und trieb heraus alle Verkäufer und Käufer im Tempel und stieß die Tische der Geldwechsler um und die Stände der Taubenhändler 13 und sprach zu ihnen: Es steht geschrieben (Jesaja 56,7): »Mein Haus soll ein Bethaus heißen«; ihr aber macht eine Räuberhöhle daraus. 14 Und es gingen zu ihm Blinde und Lahme im Tempel und er heilte sie. 15 Als aber die Hohenpriester und Schriftgelehrten die Wunder sahen, die er tat, und die Kinder, die im Tempel schrien: Hosianna dem Sohn Davids!, entrüsteten sie sich 16 und sprachen zu ihm: Hörst du auch, was diese sagen? Jesus antwortete ihnen: Ja! Habt ihr nie gelesen (Psalm 8,3): »Aus dem Munde der Unmündigen und Säuglinge hast du dir Lob bereitet«? 17 Und er ließ sie stehen und ging zur Stadt hinaus nach Betanien und blieb dort über Nacht. (Matthäus 21, 12 - 17)

Das war schon eine Provokation für die hohen Herren in Jerusalem, wie Jesus da den Tempelbetrieb gestört hat! Die Tierverkäufer und Geldwechsler brauchte man ja für einen reibungslosen Ablauf der Opfer. Das war eine Erleichterung für die weit gereisten Menschen, die so ihre Opfertiere nicht von zu Hause mitbringen mussten. Doch Jesus schien das anders gesehen zu haben: „Mein Haus soll ein Bethaus sein. Und ihr habt es zu einer Räuberhöhle gemacht!“

Wahrscheinlich war es eine Frage der Atmosphäre, vielleicht konnte man es spüren: Hier im Zentrum des Glaubens, im Haus Gottes, ging es den Menschen eher um geschäftliche Betriebsamkeit und Gewinnerzielung als um die Begegnung mit Gott, um Einkehr und Umkehr, um Gotteslob und Dankbarkeit.

Darauf werden wir auch in unserer Kirche immer wieder achten müssen: Bei aller mitunter notwendigen Betriebsamkeit, bei allem Bemühen, die Kirche am Leben zu erhalten oder das Schiff der Kirche wieder flott zu machen, kommt es doch darauf an, welcher Geist in dieser Kirche herrscht.

Doch mehr als über diese Provokation Jesu werden sich die Hohenpriester und Theologen darüber geärgert haben, dass Jesus zu dem schweigt, was die Kinder da veranstalten. Das war für sie eine doppelte Provokation:

1. Sie schreien, rennen im Tempel umher und machen unangemessenen Lärm.
2. Sie legen mit ihrem „Hosianna dem Sohn Davids" ein Glaubensbekenntnis ab, das nach Überzeugung der Priester gotteslästerlich ist und Kindern überhaupt nicht zusteht .

Empört fragen sie deshalb Jesus: „Hörst du auch, was diese sagen?" und das heißt: „Stimmst du etwa dem zu, was sie sagen, dass du der Davidssohn, der von Gott gesandte Messias bist?!"

Jesus antwortet mit einem Hinweis aus der Schrift, einem Wort aus dem 8. Psalm: Habt ihr nie gelesen: „Aus dem Munde der Unmündigen und Säuglinge hast du dir ein Lob zubereitet"? Jesus meint das hier in dem selben Sinn, wie damals, als er ein Kind in ihre Mitte stellte und sagte: „Wenn ihr nicht werdet wie die Kinder, so werdet ihr nicht ins Himmelreich kommen", oder als er die Jünger, die ihm die Kinder vom Hals halten wollten zurechtwies mit den Worten: „Lasst die Kinder zu mir kommen, denn ihrer ist das Reich Gottes." Kinder können ganz unmittelbar, ganz unverkopft, im positiven Sinn einfältig, wie selbstverständlich Gott begreifen und sich an ihm freuen - wenn auch stammelnd, mit kindlichem Staunen, aber unmittelbar, echt und der Wahrheit ganz nahe.

Im Magazin eines Kaufhauses berichteten Mitarbeiterinnen aus verschiedenen Ländern von ihren Osterbräuchen. Eine Mitarbeiterin orthodoxen Glaubens erzählte: „Zu Ostern stoßen die Kinder Eier aneinander. Da sagt das eine Kind: Jesus ist wieder aufgestanden. Und das andere antwortet: Ja, das stimmt!" Das ist der Osterbotschaft näher als manche hochintellektuelle theologische Gedanken über Auferstehung, die aber letztlich die fromme Seele hungrig lassen!

Was gibt uns eigentlich das Recht, über einfältige Aussagen von Kindern, über ihren kindlichen Glauben uns zu erheben und über ihre vermeintliche Naivität zu lächeln?! Kinder kommen mit ihren elementaren Glaubenserfahrungen der Wahrheit Gottes oft näher als hochgebildete theologische Erkenntnis!

Gewiss, der Verstand, der Intellekt kann wohl Glaubenshindernisse beseitigen, etwa dadurch, dass er zeigt: Es gibt einen Bereich, der dem Verstand nicht mehr zugänglich ist. Die Vernunft kann die Grenze der Erkenntnis denken und damit bewusst machen, dass es hinter der Grenze noch etwas geben kann oder gar muss, was dem Verstand verborgen bleibt. So kann die Vernunft zwar dem Glauben hilfreich zur Seite stehen, aber sie kann keine Glaubenswahrheiten erkennen oder gar beweisen.

Zum Glauben finden wir anders Zugang, nämlich in den tieferen Schichten unserer Seele:

- durch Erlebnisse: ein taufrischer, sonniger Morgen, ein wunderschöner Sonnenuntergang, ein klarer weiter Sternenhimmel, oder aber ein plötzlicher Unfall, eine schwere Krankheit oder eine unerwartete Gesundung
- durch die Begegnung mit besonderen Menschen
- durch Worte, die in bestimmten Situationen wirken (etwa beim Abendmahl oder einer Predigt)
- durch Erkenntnisse, die sich plötzlich auftun, wie von außen angeflogen, oder aus der Tiefe der Seele aufgestiegen.

Dabei ist dann gedankliche, intellektuelle Verarbeitung gar nicht hilfreich und schon gar nicht notwendig. Hilfreich sind dagegen elementares Begreifen kindlichen Urvertrauens und Gesang oder Musik, weil sie die tieferen Schichten der Seele eher erreichen als Gedanken. So haben wir damals im Konfirmandenunterricht für geistig behinderte Kinder den besonders schwachen Kindern Glaubenserfahrung dadurch vermitteln können, dass wir sie in einer Decke sanft schaukelten und dabei ein Lied sangen, etwa „Weißt du, wo der Himmel ist …“.

Es ist gut, dass sich der Glaube auf diesen Ebenen ereignet, denn

1. wäre sonst der Glaube eine Frage der Intelligenz; Kluge könnten glauben, weniger Kluge eher nicht, und
2. ist so ein Mensch bis zum Schluss und vielleicht da sogar ganz besonders empfänglich für religiöse Fragen, für Gottes Nähe, für ein Eingebundensein in die Schöpfung Gottes, für Geborgenheit und Frieden.

So kann man die Erfahrung machen, dass Sterbende, die für Worte und Gedanken nicht mehr erreichbar scheinen, durch das Hören alter, vertrauter Texte und besonders vertrauter Lieder angerührt werden und darüber still werden. Oftmals kommen so gerade die prägenden Erfahrungen der Kindheit ins emotionale Bewusstsein: „Weißt du, wieviel Sternlein stehen an dem blauen Himmelszelt? Weißt du, wieviel Wolken gehen weithin über alle Welt? Gott, der Herr hat sie gezählet, dass ihm auch nicht eines fehlet an der ganzen großen Zahl, an der ganzen großen Zahl. - Weißt du, wieviel Kinder schlafen heute Nacht im Bettelein? Weißt du wie viel Träume kommen zu den müden Kinderlein? Gott, der Herr, hat sie gezählet, dass ihm auch nicht eines fehlet, kennt auch dich und hat dich lieb, kennt auch dich und hat dich lieb.“

Wir müssen dem elementaren Erleben von Glauben mehr Raum geben. Bei aller notwendigen und klärenden Theologie, bei aller notwendigen Fantasie und Innovation zum Aufbau der Kirche - elementares Glaubenserleben in unmittelbarer, unreflektierter, kindlicher Schlichtheit und in Musik und Gesang, das die tiefen Schichten unserer Seele erreicht, ist lebensnotwendig, für uns alle und für unsere Kirche. Deshalb müssen wir üben, uns darauf einzulassen und dazu bereit sein.

Das kann dann auch schon mal den ordentlichen Rahmen, den üblichen Betrieb stören, wie bei den singenden Kindern im Tempel. Vielleicht war deren Gesang ja nicht schön, aber er kam von Herzen, war fröhlich und begeistert. Vielleicht war ihre Aussage nicht durchdacht, aber unmittelbar, wahr und überzeugt, Ausdruck der festen Gewissheit: Dieser Jesus ist uns von Gott geschickt. In ihm kommt Gott zu uns. An ihm wird deutlich, dass Gott uns in die Arme schließt, Ausgegrenzte annimmt, die Kranken heilt und niemanden aufgibt!

Wo das erkannt, geglaubt und bekannt wird - wie auch immer! - da ist Kirche lebendig. So schön und eindrucksvoll kirchliche Großereignisse wie Kirchentage oder Festgottesdienste auch sein mögen: der wahre Schatz der Kirche besteht in den täglichen elementaren Glaubenserfahrungen ihrer Menschen: in Kindergärten, Grundschulen, Krankenhäusern, Seniorenheimen, wo die Erkenntnis des Paulus immer wieder wahr wird: "Gott ist in den Schwachen mächtig", weil sie es manchmal vorbildlich können: sich fallen lassen, sich auf Gott hin verlassen („denn du bist bei mir, dein Stecken und Stab trösten mich"). - Deswegen bin ich als Seelsorger, der andere Menschen trösten wollte, oftmals selbst getröstet nach Hause gegangen.

Kinder, Kranke, Pflegebedürftige und Alte sind deshalb keine Belastung für die Gesellschaft, sondern eine tragende Säule für die kirchliche Gemeinschaft (durch ihr Gebet und ihren oft vorbildlichen Glauben). Die Weisheit des Alters besteht nicht darin, den Verstand zu verlieren, sondern sich vom Verstand nicht mehr davon abhalten zu lassen, sich in kindlichem, unmittelbarem Grundvertrauen ganz auf Gott zu verlassen.

Eine Gemeinde, die diese Stimmen wieder hört und ernst nimmt, wird an Lebendigkeit, Ausstrahlung und Glaubenskraft gewinnen, wird die alten Lieder neu, bewusster und fröhlicher singen. Und eine Kirche, in der das geschieht, muss sich um ihren Fortbestand nicht sorgen. Amen.

Die Macht des Bösen nicht unterschätzen!

Markus 1, 32 - 39

*32 Am Abend aber, als die Sonne untergegangen war, brachten sie zu ihm
alle Kranken und Besessenen. 33 Und die ganze Stadt war versammelt vor
der Tür. 34 Und er half vielen Kranken, die mit mancherlei Gebrechen be-
laden waren, und trieb böse Geister aus und ließ die Geister nicht reden;
denn sie kannten ihn. 35 Und am Morgen, noch vor Tage, stand er auf und
ging hinaus. Und er ging an eine einsame Stätte und betete dort. 36 Simon
aber und die bei ihm waren, eilten ihm nach. 37 Und als sie ihn fanden,
sprachen sie zu ihm: Jedermann sucht dich. 38 Und er sprach zu ihnen:
Lasst uns anderswohin gehen, in die nächsten Städte, dass ich auch dort
predige, denn dazu bin ich gekommen. 39 Und er kam und predigte in ihren Synagogen in ganz Galiläa und trieb die bösen Geister aus. (Markus 1,
32 – 39)*

Wie viel Elend, Krankheit und Leiden drängen sich da vor dem Haus des Simon zusammen! Dieser Ansturm von Schmerz und Hoffnung gilt einem Mann, von dem es heißt, er habe eine uneingeschränkte Macht über alles Leid, ja selbst über die Welt der Dämonen.

„Und die ganze Stadt versammelte sich vor der Tür“: Neugierige, Fromme, Spötter, Zweifler und vor allem wohl Verzweifelte. Ihnen allen, besonders aber Letzteren wandte Jesus sich zu und setzte ihrer Verzweiflung, ihrer Krankheit, ihrer Dummheit und Bosheit seinen heilenden Glauben entgegen, lässt sie Anteil haben an seinem tiefen Vertrauen zu Gott.

Wie hören wir diese Geschichte? Fasziniert, neidisch, ungläubig, aufgeklärt, skeptisch? Jesus als gewaltiger Prediger, ja, als begeisternder Redner, der Menschen Mut macht, sodass sie ihre Krankheit vielleicht eine Zeit lang vergessen oder sogar überwinden? Vielleicht auch das. Aber Dämonenaustreiber?! Das passt nicht in unser aufgeklärtes Weltbild! Böse Geister, Spiritismus, Okkultismus, damit haben wir als Christen von heute doch nichts zu tun!

Das unendliche Leid, dem Jesus hier begegnet und dem er nach erstaunlich häufigen und übereinstimmenden Berichten erfolgreich heilend begegnet, und das unermessliche Leid, das Leben zerstörende Elend, das uns heute in und an Menschen begegnet, sollte uns warnen, solche Berichte mit vermeintlich aufgeklärtem Realismus abzutun.

Ich kann zwar nicht erklären, was Dämonen sind, aber das ist noch lange kein Grund, sie als überholt abzutun. Die Macht des Widergöttlichen unter und auch in uns kann jeder deutlich erfahren, der die Welt mit offenen Augen und empfindsamem Herzen betrachtet.

„Das Völkchen spürt den Teufel nicht, auch wenn er es am Kragen packt.“ (Goethe, Faust I) Ist das nicht Mythologie und überholte Vorstellung? Die personale Vorstellung wird jedenfalls den zerstörerischen Elementen unserer Wirklichkeit wesentlich eher gerecht als verflachende Vereinfachung. Dem Ernst der Auseinandersetzung Jesu mit dämonischen Kräften wird die unkritische Behauptung eines evangelischen Theologieprofessors, der Dämonismus sei ein für alle Mal passé, weniger gerecht als die Äußerungen des polnischen Marxisten Leszek Kolakowski (Gespräche mit dem Teufel): „Sie haben aufgehört, an mich zu glauben, meine Herren, gewiss, ich weiß davon. Ich weiß es, und es lässt mich kalt. Ob Sie an mich glauben oder nicht – es bleibt einzig und allein Ihre Sache ...Dass Sie meine Existenz leugnen, tut meiner Eitelkeit keinen Abbruch ... Ich will ich sein, weiter nichts ... für mich ist nur das eine wichtig – dass das Werk der Vernichtung nicht stockt. Ob man an mich glaubt oder nicht, bleibt auf die Reichweite meiner Arbeit ohne Einfluss ... Mich macht die Unbedenklichkeit stutzig, wie es kommt, dass immer und in jedem Fall ich das erste Opfer bin, sobald der Unglaube um sich zu greifen beginnt... Den Teufel wird man am leichtesten los. Dann kommen die Engel, dann die Dreieinigkeit, schließlich Gott ... als wäre der Teufel ... nichts weiter als ein peinlicher, lästiger, kaum erwähnenswerter Belang in Ihren Hirnen, dessen man sich nur ungern zu erinnern pflegt ... Es geschieht immer seltener … dass irgendwo ein Prediger – und sei´s auch nur ein armer Dorfpfarrer – meiner von der Kanzel herab Erwähnung tut … Ist der Satan wirklich nur eine rhetorische Figur …? Ist er ein Mittel, die träge Phantasie der Gläubigen anzuregen … Warum flieht ihr mich, meine Herren?"

Ich will keinem mittelalterlichen Spukglauben das Wort reden. Aber ich will auf die Realität der zerstörerischen, dämonischen Kräfte in unserem Leben hinweisen. Es geht nicht darum, an den Teufel zu glauben, sondern seine Wirklichkeit und Wirksamkeit ernst zu nehmen und im Glauben an Gott zu bekämpfen!

Nicht, um Angst zu verbreiten, schon gar nicht um solche Angst als hilfreiches Mittel kirchlicher Pädagogik einzusetzen, sondern es geht darum, dazu beizutragen, dass das Böse in und um uns ernster und konkreter gesehen wird, damit wir es wirksamer bekämpfen können.

Jesus, der in die Not, das Leid und die Krankheiten seiner Mitmenschen wirksam eingreift, wird auch uns eine Hilfe sein, wenn wir die Mächte des Bösen nicht verharmlosen.

Wer könnte es vor Gott oder seinem Gewissen vertreten, die widergöttliche Zersetzung zu verharmlosen? Wer ist so töricht oder gottlos, zerstörerischen Krieg und Terrorismus zu verharmlosen? Oder auch die Wahnideen und Zwanghaftigkeiten, die Abhängigkeiten von Drogen jeder Art, unter denen Menschen sich winden, nicht ernst zu nehmen?

Man nimmt sie nicht ernst und unterschätzt die Macht des Bösen, wenn man Abhängige durch einfältige Appelle, selbstgerechte christliche Moral und ignorante Frömmigkeit noch tiefer in ihr Elend hineintreibt. Es ist sündhafte Verharmlosung, wenn gesunde Menschen kranken vorhalten, es sei einfach nur eine Frage des guten Willens und des rechten Glaubens, von zwanghaften, Leben zerstörenden Kräften freizukommen. Dass der Glaube dabei eine ganz große Hilfe sein kann, dass das Vertrauen in Gott, das sich Einlassen auf Jesus Christus mitunter der einzige Weg ist, sei unbestritten. Aber dabei sollte man auch bedenken: Kein Geringerer als Paulus schrieb (Römer 7, 19): „Das Gute, das ich will, das tue ich nicht; das Böse aber, das ich nicht will, das tue ich.“

Wenn wir meinen, in einfältiger Frömmigkeit über die zerstörerische Gewalt des Bösen in uns erhaben zu sein, sind wir seine bedrohtesten Opfer! Denn dann meinen wir nur pro forma, nur um dogmatischer Richtigkeit willen, Jesus sei für uns gestorben, notwendig sei das eigentlich nur für die anderen gewesen.

Die gemeinsame Erkenntnis unser aller Anfälligkeit und Bedrohtheit, unser aller Schwäche und unseres immer neuen Angewiesenseins auf Gottes liebendes Erbarmen könnte uns vielleicht gemeinsam stark machen. Dann könnten wir uns, statt uns über einen anderen zu stellen, solidarisch neben ihn setzen.

Jesus Christus will uns einladen, den gemeinsamen Versuch immer neu zu machen, uns so immer wieder von ihm heil machen zu lassen. Er lädt uns als die Gestrauchelten oder Bedrohten, die Mühseligen und Beladenen an seinen Tisch, um uns gemeinsam neue Kraft zu geben, im Vertrauen auf ihn dem Bösen zu begegnen. Amen.

Den richtigen Halt finden – Realschulabschlussgottesdienst 2007
Matthäus 7, 17 - 20

Am Anfang war er ganz klein. Ein kleiner Baum unter vielen kleinen Bäumen. Aber er wuchs schneller als die anderen Bäume, wurde bald größer und stärker als sie. Und darauf war er mächtig stolz.

Mit seiner Größe nahm er ihnen die Luft und das Licht. „Egal", sagte er zu sich „Hauptsache: Ich!"

Und dann kam der Förster und schlug die kleineren Bäume, damit der große sich noch besser entwickeln konnte. Und so entwickelte er sich prächtig und wurde zu einem mächtigen Baum. Und er war mächtig stolz darauf. Und er dachte: „So muss es immer weitergehen! Mich wird man nicht absägen. Alle mögen mich, bewundern mich." Und er wurde überheblich und dachte nur noch an sich.

Doch dann kam Kyrill! Erst war es nur ein kräftiger, stürmischer Wind. „Was kann der mir schon anhaben?", dachte unser Baum und streckte ihm selbstbewusst seine Äste entgegen.

Aber nicht lange: Kyrill fegte mit seiner ganzen Kraft über ihn hinweg und auf ihn zu. Und dann lag der stolze Baum flach, am Boden. Aus! - Und man konnte sehen, dass er innen hohl war.

Es lag nicht nur an Kyrill:

1. waren da keine anderen Bäume mehr um ihn herum, die die Wucht des Sturms hätten abschwächen können.
2. hatte er sein Leben lang nur daran gedacht, wie sein Stamm umfangreicher und seine Krone mächtiger würden. Er wollte was nach außen darstellen. Durch sein schnelles Wachsen wurde er innen hohl. Und er hatte sich nie darum bemüht Halt zu finden, dass seine Wurzeln tief in die Erde drangen.

Ich muss euch nicht sagen, dass ich keinen forstwirtschaftlichen Vortrag über den richtigen Anbau von Bäumen halten will. Wir sind ja heute in der Kirche. Und ich denke: Einige ahnen, was ich sagen will:

Auch für Menschen ist es wichtig, den „Stürmen des Lebens" standhalten zu können. Das werdet ihr in Zukunft auf besondere Weise erfahren, wenn ihr aus dem relativ geschützten Raum der Schule heraustretet. Wer da kein Fundament, keinen Halt hat, lebt gefährlich, geht kaputt!

Wann kippt ein Baum?

1. wenn die Wurzeln nicht halten, weil sie keinen Tiefgang haben.
2. wenn der Boden schlecht ist.
3. wenn der Baum alleine steht.
4. wenn er hohl ist.

Wann steht ein Mensch in der Gefahr, im Leben zu scheitern?

1. wenn er keinen Tiefgang hat, nur an der Oberfläche lebt, nicht nach vorne schaut. Wenn er sein Leben auf falsche Fundamente baut, nur auf Karriere, Sport, Schönheit oder Spaß setzt. (Der Baum konnte sich den Boden, in den er gepflanzt wurde, nicht aussuchen; der Mensch kann sein Fundament, worauf er sein Leben aufbaut, in der Regel selbst aussuchen!)

2. Wenn er zum Egoisten wird, der meint, die anderen nicht zu brauchen, oder der meint, die anderen brauchen und gebrauchen zu können.

3. Wenn er „hohl" ist, keine inneren Werte hat: keine Liebe, keine Verantwortung, keine Ziele, keine Hoffnung, keinen Sinn kennt.

Von hohlen Bäumen hat auch Jesus gesprochen, Matthäus 7, 17 - 20:

17 So bringt jeder gute Baum gute Früchte; aber ein fauler Baum bringt schlechte Früchte. 18 Ein guter Baum kann nicht schlechte Früchte bringen, und ein fauler Baum kann nicht gute Früchte bringen. 19 Jeder Baum, der nicht gute Früchte bringt, wird abgehauen und ins Feuer geworfen. 20 Darum: an ihren Früchten sollt ihr sie erkennen. (Matthäus 7, 17 – 20)

So ist das! Faule Bäume werden abgehauen. „Faule", innen hohle Menschen haben keine Zukunft. Solche Menschen halten sich vielleicht äußerlich noch ganz gut. Aber sie sind doch oft schon lange seelisch abgestorben. Sie sehen keinen Lebenssinn mehr, haben keine wirkliche Lebensfreude und keine wirklichen Freunde. Sie sind letztlich einsam Man schmeichelt ihnen vielleicht noch, weil man etwas von ihnen haben will, aber man liebt und achtet sie nicht!

Wie verhindern wir, dass wir innen hohl werden? Wo sollen wir Wurzeln schlagen? Wovon sollen wir unser Innerstes, unsere Seele ernähren? Auf jeden Fall dadurch, dass wir im Leben Tiefgang gewinnen und nicht an Äußerlichkeiten hängen bleiben!

Es wird euch kaum wundern, wenn ich euch sage, dass ich mein Innerstes im christlichen Glauben festmache. Das gibt mir Gottvertrauen, Gelassenheit und Hoffnung. Und die habe ich in meinem Leben oft gebraucht und ich bin täglich dankbar dafür!

Ich kann nicht sagen: Das müsst ihr auch machen. Gottvertrauen kann man nicht befehlen. Aber ich kann euch versichern, dass ihr euer Leben verfehlt und unglücklich werdet, wenn ihr ein „fauler Baum" werdet, keine Wurzeln schlagt und euer Leben keinen Tiefgang hat. Wer sich dagegen auf Gott einlässt, wird erfahren, dass sein Leben Halt, Tiefgang, Orientierung und Sinn erfährt.

Eine Situation wie heute ist wie geschaffen dafür, sich das ernsthaft zu überlegen. Amen.

Wovon unsere Hoffnung lebt - Gedanken zum Sonntag „Kantate“
Offenbarung 15, 1 - 4

Wer würde seinem Kind eine Gutenachtgeschichte mit einem bösen Ende vorlesen? Oder das Märchen von Rotkäppchen abbrechen, wenn das Mädchen noch im Bauch des Wolfes ist? So kann man ein Kind nicht in die Nacht entlassen.

Unsere Kinder brauchen Hoffnungsgeschichten, durch die sie vorbereitet werden auf die Konfrontation mit der harten Realität, brauchen unsere Geschichten, Lieder und Bilder von Hoffnung und gutem Ausgang.

Doch wenn wir sie ihnen erzählen, machen wir ihnen dann nicht etwas vor? Oder wollen wir ihnen dann nur die Zeit glücklicher Illusion noch ein wenig bewahren? Oder steckt doch in uns selbst noch ein Stück solcher Hoffnung? Hoffentlich ist das so!

Gerade weil Hoffnung in der harten Realität unter die Räder zu geraten droht, müssen wir unseren Kindern unsere Träume , Bilder und Geschichten von Hoffnung mitteilen und mit ihnen Lieder der Hoffnung singen. Das brauchen unsere Kinder. Aber auch wir brauchen die unverfälschte Kraft ihrer naiven Hoffnung, die Gelassenheit und die selbstverständliche Gewissheit ihres Vertrauens. Das kann uns von der schleichenden, zersetzenden Depression unserer anscheinend realistischen Weltbetrachtung befreien.

Über das Singen mit meinen Kindern habe ich ein Stück Unbefangenheit meines Glaubens zurück gewonnen: „Seht ihr den Mond dort stehen? Er ist nur halb zu sehen und ist doch rund und schön. So sind gar manche Sachen, die wir getrost belachen, weil unsre Augen sie nicht sehn.“ Einfaches, staunendes Glauben ist dem realistischen Betrachten und Analysieren haushoch überlegen! Oder „Abend ward, bald kommt die Nacht, schlafen geht die Welt, denn sie weiß: Es ist die Wacht über ihr bestellt.“ Lange Zeit hab ich diese Lieder Abend für Abend mit meinen Kindern gesungen. Noch lange bevor sie verstanden, was eine „bestellte Wacht" sein könnte, spürten sie die tragende Geborgenheit, die diese Lieder vermitteln. Und auch ich spürte es dankbar mit ihnen.

Dass Lieder Stimmungen und Empfindungen vermitteln können, hatte ich schon früh gemerkt, als ich meiner kleinen Schwester immer wieder das Lied vorsingen musste: „Über unendliche Wege, über unendliche Stege geht unser müder Schritt … Einstmals da warn wir geborgen, brauchten für uns nicht zu sorgen, einstmals da warn wir zu Haus. Konnten mit Vater scherzen, durften die Mutter herzen. Nun ist das alles aus!" Sie hörte es so gerne! Und ich sang es ihr so gerne vor, weil sie dabei so innig weinen konnte.

So habe ich schon recht früh sowohl die Möglichkeit erfahren, mit Liedern Stimmung zu machen, eventuell sogar zu verführen, als auch wichtige Grunderfahrungen zu vermitteln.

Immer wieder sind mir Lieder begegnet, die mir sehr viel bedeutet und gegeben haben: „Christ ist erstanden …" Am Totensonntag hatten wir es mit unserer Jugendgruppe am Haupteingang des Friedhofes gesungen und bemerkt, dass das Lied Trauernde berührte. Ich spürte etwas von der Widerstandskraft des Glaubens gegen den Tod. Ebenso beeindruckend das Lied „Stern auf den ich schaue …", das meine Mutter sich zu ihrer Beerdigung ausgesucht hatte. Oder „Freunde, dass der Mandelzweig …" und „Von guten Mächten treu und still umgeben …" bei den Freizeiten mit Jugendlichen.

Unsere Hoffnung findet nicht nur ihren Ausdruck in Liedern, Bildern und Träumen, sondern sie braucht diese auch, um lebendig zu bleiben, um sich mitzuteilen und um zu überleben in einer gefühlskalten, nüchternen und mitunter unmenschlichen Welt. Menschen, die ihre Hoffnungs- und Ermutigungslieder vergessen, haben es schwer im Leben, weil sie meist hoffnungslos leben.

Die Bibel ist voll von solchen Liedern, Bildern, Träumen und Visionen. Eine wird im für den heutigen Sonntag Kantate vorgeschlagenen Predigttext aus der Offenbarung des Johannes beschrieben.

Johannes war ein Seher, vom römischen Kaiser auf eine Insel verbannt. Von dort schreibt er den christlichen Gemeinden von seinen Visionen der Zukunft. Er will sie ermutigen, in ihrer schweren Situation durchzuhalten. Und das war dringend nötig! Sie sollten den Kaiser als Gott verehren. Taten sie es nicht, konnten sie keine römischen Staatsbürger sein. So lebten sie in steter Todesgefahr.

„Haltet durch!“, sagt der Seher „ Rom und der Kaiser sind wie ein böses, wildes Tier, aber am Ende wird Gott es besiegen!“ Und das beschreibt er in Bildern und Visionen, wie in unserem heutigen Predigttext:

1 Danach sah ich ein weiteres, großes und wunderbares Zeichen am Himmel: Sieben Engel mit den letzten sieben Plagen. Denn mit ihnen geht Gottes Zorn zu Ende.
2 Dann sah ich etwas, das aussah wie ein gläsernes Meer, in das Feuer gemischt war. Und ich sah alle, die den Sieg errungen haben. Sie haben sich befreit von der Macht des Tieres und seines Standbildes – und ebenso von der Macht der Zahl, die sein Name ergibt. Sie standen an dem gläsernen Meer. In der Hand hielten sie die Harfen, die für Gott gespielt werden.
3 Sie singen das Lied des Mose, der ein Diener Gottes war, und das Lied des Lammes. Sie singen: „Groß und wunderbar sind deine Werke, Herr, Gott, Herrscher über die ganze Welt. Voller Gerechtigkeit und Wahrheit sind deine Wege, du König über die Nationen. 4 Wer wird vor dir, Herr, keine Ehrfurcht haben und deinen Namen nicht preisen? Denn du allein bist heilig! Alle Nationen werden kommen und sich vor dir niederwerfen.

Denn deine gerechten Taten sind nun für alle offenbar." (Offenbarung 15, 1 - 4; Übersetzung der „Basisbibel")

Die den Sieg behalten haben über das Tier, halten Harfen in der Hand und stimmen ein in einen Dank- und Lobgesang auf den wunderbaren, rettenden, das Böse und den Tod überwindenden Gott. Mit diesem Traumbild will der Seher die Christen damals stärken.

Und was hat das mit uns zu tun? Wer oder was heute das Tier ist, ist nicht so leicht auszumachen. Und doch ist unser Bedrohung heute nicht grundsätzlich anders:
- In zahllosen Kriegen werden Menschen verfolgt, gequält, abgeschlachtet. Die weltweit am stärksten verfolgte religiöse Gruppe sind Christen.
- In reichen Ländern des Westens und zunehmend in noch kommunistischen Ländern wie Russland und China breitet sich ein materialistischer Egoismus oder egoistischer Materialismus aus, bei dem viele Menschen auf der Strecke bleiben.
- Und da ist auch das Tier in uns: Bosheit, Angst, Resignation, Depression ..., alles zerstörerische Kräfte, die wir mitunter nicht im Griff haben!

Was setzen wir dem entgegen? Wie können wir trotz dieser allgegenwärtigen Bedrohung leben? Wir können die Augen verschließen und sie verdrängen. Aber dann können wir auch nicht mehr in den Spiegel schauen!

Da hilft uns ausschließlich ein Grundvertrauen in Gott, so wie es auch in den Visionen des Johannes deutlich wird. Dass Gott seine Schöpfung nicht im Stich lässt, Gott, „der nicht loslässt das Werk seiner Hände". Die Hoffnung, dass er Sieger bleibt, dass Liebe sich durchsetzt.

Doch solches Vertrauen stellt sich nun einmal nicht von selbst ein, noch ist es ein Besitz, den man ein für alle mal hat. Gottvertrauen muss wie das Vertrauen unter Menschen gelebt, geübt, bestätigt werden.

Dazu brauchen wir die Erfahrung der Väter und Mütter vor uns, brauchen ihre Hoffnungsgeschichten und Ermutigungslieder, ihre Vertrauenstexte und Geborgen-heitsbilder, die Psalmen, die Bekenntnisse des Alten und des Neuen Testaments.

Wir brauchen die Erfahrungen des Juden, der im KZ an die Mauer schrieb, dass die Sonne scheint, auch wenn man sie nicht sieht, und dass Gott uns liebt, auch wenn wir das nicht spüren.

Wir brauchen die Erfahrungen und Hoffnungslieder von Dietrich Bonhoeffer: „Von guten Mächten wunderbar geborgen erwarten wir getrost, was kommen mag. Gott ist bei uns am Abend und am Morgen und ganz gewiss an jedem neuen Tag!" oder von Jochen Klepper: „Noch manche Nacht wird fallen auf Menschenleid und Schuld, doch wandert nun mit allen der Stern der Gotteshuld …".
Und wir brauchen eine gute Erinnerung an unsere eigenen guten Erfahrungen mit dem Glauben, wo er uns getragen und getröstet hat.

Und wir brauchen die Gemeinschaft untereinander. Wir brauchen die anderen und sie brauchen uns. Wir tragen gegenseitig Verantwortung für einander. Deswegen feiern wir Gottesdienste und Andachten, tauschen uns aus in Gruppen und Kreisen, besuchen uns und beten gemeinsam oder für einander.

Eine wichtige und gute Form, in der unsere Hoffnung, die Erfahrung von Bewahrung, aber auch unsere Klagen und unsere Fragen Ausdruck finden können, sind unsere Lieder. Sie sind ein wichtiges Medium für Gemeinschaftserfahrung und ein besonderer Ort, an dem wir uns und Gott zeigen können, dass wir mit einer christlichen Hoffnung leben können.

Kantate: Singt dem Herrn! Ihr tut es für ihn, aber auch für die Anderen und – für euch selbst! Amen.

Mut zum Leben
2. Korinther 5, 1 - 10

1 Wir wissen ja: Unser Zelt (gemeint ist der menschliche Körper) hier auf der Erde wird abgebrochen werden. Und dann bekommen wir von Gott eine neue Bleibe - ein Haus im Himmel, das für immer bleibt und nicht von Menschenhand gemacht ist. 2 Und weil wir das wissen, seufzen wir voll Sehnsucht. Wir sehen uns danach, von dieser himmlischen Behausung (dem zukünftigen, himmlischen Leib) gewissermaßen umhüllt zu werden. 3 Wir werden dann nicht nackt dastehen, wenn wir einmal aus unserem irdischen Zelt ausziehen müssen. 4 Doch solange wir noch in dem alten Zelt leben, stöhnen wir wie unter einer schweren Last. Wir würden diese Hülle am liebsten gar nicht ausziehen, sondern die neue einfach darüber ziehen. Dann ginge das, was an uns vergänglich ist, im neuen Leben auf. 5 Auf jeden Fall hat Gott uns dazu bereit gemacht (für den Einzug in die neue himmlische Behausung). Er hat uns als Vorschuss seinen Geist gegeben. 6 So sind wir in jeder Lage zuversichtlich. Wir sind uns zwar bewusst: Solange wir in unserem Körper wohnen, leben wir noch nicht beim Herrn. 7 In diesem Leben können wir ja nur an Gott glauben, wir können ihn noch nicht sehen. 8 Trotzdem sind wir voller Zuversicht. Am liebsten würden wir aus unserem Körper ausziehen und beim Herrn leben. 9 Deswegen ist es für uns eine Ehrensache, ihm zu gefallen - ganz gleich, ob wir schon bei ihm leben oder noch nicht. 10 Denn wir alle müssen einmal vor dem Richterstuhl von Christus erscheinen. Dann bekommt jeder, was er verdient - je nach dem, ob er zu Lebzeiten Gutes oder Böses getan hat. (2. Korinther 5, 1 - 10; Übersetzung der „Basisbibel)

„Ich kann nicht mehr! Ich will nicht mehr!“ Mancher Mensch, der die Beschwerden des Alters oder die Schwere seines Leidens nicht mehr aushalten kann, redet, denkt oder fühlt so. Ich habe viele Menschen getroffen, die mir sagten, dass sie sehnlich auf ihren Tod warten. Menschen, die in ihrem Glauben tief verwurzelt waren, sagten es oft ohne Resignation, sondern mit einer erwartungsvollen Sehnsucht.

Paulus redet auch davon, dass er sterben möchte: „Trotzdem sind wir voller Zuversicht. Am liebsten würden wir aus unserem Körper ausziehen und beim Herrn leben“. Er kann so reden, obwohl er in der Blüte seines Lebens steht. Für ihn stellt der Tod keine Bedrohung dar. Er hängt nicht am Leben, schon gar nicht krampfhaft.

Wie anders ist das doch heute bei den meisten Menschen! Man träumt den Traum von der Unsterblichkeit, schreibt Bücher, die ein dauerhaftes, nicht endendes gesundes Leben verheißen („For ever young“), treibt vielfältigen Körperkult und täuscht sich und anderen vor, so könne man sich für immer fit halten. Ganze Industriezweige leben von Anti-aging-Mitteln. Und weil das mit der Unsterblichkeit auf absehbare Zeit medizinisch nicht machbar ist, kommen sogar Menschen auf die wahnsinnige Idee, sich bis zu einem späteren Zeitpunkt einfrieren zu lassen.

Bei all dem weiß man aber im Grunde *doch*, dass alles Leben begrenzt ist! Und das macht Angst! Doch wie geht man mit diesem nicht zu leugnenden Wissen über die eigene Endlichkeit und der daraus entstehenden Angst um? Man verdrängt es auf vielfältige Weise!

- Eben auf die schon beschriebene Weise: Man versucht die Zeichen des Verfalls zu vertuschen.
- Man nimmt die Zeichen des Alterns einfach nicht mehr wahr, schaut nicht mehr so genau in den Spiegel.
- Man geht der Begegnung mit Krankheit und Tod aus dem Weg. (Deshalb werden oft Kranke und Sterbende allein gelassen!)
- Man flüchtet in eine laute, oberflächliche Welt, baut sich die Spaßgesellschaft und versucht, möglichst nie die Oberfläche seines Lebens zu verlassen.
- Man vermeidet jedes Gespräch, ja möglichst jeden Gedanken, der an das eigene Sterbenmüssen erinnert.

Es ist schon tragisch: Weil Menschen die Angst verdrängen, kann es ihnen nicht gelingen, angemessen damit umzugehen. Aus Angst vor der eigenen

Endlichkeit wird jeder Gedanke an das Ende, damit aber auch jeder Gedanke über eine *Lösung* des Problems, jeder Gedanke an eine mögliche Hoffnung gegen den Tod, ausgeschaltet. Wenn ich über die Möglichkeit eines Lebens nach dem Tod nachdenke, dann muss ich mich ja zwangsläufig mit dem Tod beschäftigen! Und das will man nicht. - So verhält sich mach ein Mensch wie ein Kranker, der die Symptome seiner Krankheit verdrängt, bis die Krankheit nicht mehr zu heilen ist.

Doch damit wird man dann auch taub für die befreiende Botschaft des christlichen Glaubens. Das ist die eigentliche Tragik unserer heutigen Gesellschaft: Sie krankt an der Angst vor der Vergänglichkeit (Und die Folgen dieser Angst sind vielfältig und erschreckend!); und weil die Angst so groß ist, will man nicht hören, was die Angst nehmen kann. Man macht sich über Auferstehungshoffnung eher lustig und spottet mit Heinrich Heine: „Den Himmel überlassen wir den Engeln und den Spatzen".

Es ist eine besondere Tragik unserer Kirche und vieler ihrer Vertreter, dass sie, obwohl sie dieser Gesellschaft eine großartige Botschaft zu bieten haben, eine Botschaft, die aufatmen lässt und befreit, die Ablehnung, die Verachtung und den Spott der Menschen fürchten und unter dem Vorwand zeitgemäß reden zu müssen, sich anpassen und den Menschen die befreiende Wahrheit des christlichen Glaubens vorenthalten und schuldig bleiben.

Wie eindeutig und tröstend ist dagegen die Botschaft des Paulus! „Nun aber *ist* Christus auferstanden von den Toten als Erstling unter denen, die entschlafen sind" oder: „Hoffen wir allein in *diesem* Leben auf Christus (wenn wir also davon überzeugt sind, dass mit dem Tod alles zu Ende ist), so sind wir die elendesten unter allen Menschen" (1. Korinther 15, 19.20). Und wie tröstlich sind die Bilder, mit denen er diese Botschaft beschreibt! „Wir wissen ja: Unser Zelt hier auf der Erde wird abgebrochen werden. Und dann bekommen wir von Gott eine neue Bleibe - ein Haus im Himmel … Wir sehnen uns danach, von dieser himmlischen Behausung gewissermaßen umhüllt zu werden…“ Die Vergänglichkeit wird abgelöst von der Unvergänglichkeit; das Todgeweihte vom Leben!

Das sind tröstliche Gedanken. Doch wie kann Paulus das „*wissen*“ („Wir wissen ja: Unser Zelt hier auf der Erde wird abgebrochen werden. Und dann bekommen wir von Gott… ein Haus im Himmel“)?! Seine *Gewissheit* ist so groß, dass er es als *Wissen* ansehen und ausdrücken kann. Aber woher nimmt er diese Gewissheit?

1. Paulus nimmt die Welt so wahr, wie sie ist, ganz realistisch: dem Tod verfallen, alle und alles.
2. Paulus vertraut auf Gottes Güte und Treue. Und er traut ihm alles zu. Gott ist allmächtig und als solcher auch Herr über den Tod. Und weil er gnädig und barmherzig ist, bewahrt er seine Menschen auch über den Tod hinaus.

Paulus verlässt sich auf Gott, öffnet sich Gott, erwartet alles von ihm - und bekommt Antwort! Indem Gott ihm seinen Geist sendet („Er hat uns als Vorschuss seinen Geist gegeben“). Wer sich Gott anvertraut, wird für das Wirken des heiligen Geistes empfänglich.

Und aus dieser Gewissheit heraus kann Paulus sagen: „Am liebsten würden wir aus unserem Körper ausziehen und beim Herrn leben“. Das heißt nicht, dass er seinem Leben ein Ende setzen will, sondern dass ihm vor dem Ende nicht graut, weil er da etwas Wunderbares zu erwarten hat. Und das gibt ihm Abstand und Gelassenheit. Es geht ihm wie Teilnehmern einer Expedition, in denen bei allen Strapazen der Reise Vorfreude auf Zuhause aufkommt. Sie brechen ihre Reise nicht ab, aber die Vorfreude lässt sie die Strapazen besser ertragen.

Bei allem, was geschieht, weiß Paulus doch: Das Schönste kommt noch! Selbst der tiefste Glaube wird noch überboten werden, sogar Sehnsucht und Hoffnung werden überflüssig, wenn wir dann Gott von Angesicht zu Angesicht sehen dürfen.

Von solcher Hoffnung ist der Glaube getragen; auch *unser* Glaube, wenn er stark ist. Doch bei aller Vorfreude: Wir leben doch auch gerne *jetzt*; wir sehnen uns nicht danach zu sterben. Unser Lebenserhaltungstrieb ist etwas ganz Natürliches. Wir sollten ihn nicht leugnen. Sonst werden wir unglaubwürdig; so wie es Manfred Siebald in einem seiner Lieder beschreibt: „Wir beten laut: Herr, komm doch wieder! und denken leise: jetzt noch nicht!“

Getröstet leben heißt: Mitten im Leben stehen, seiner Verantwortung nachkommen, aber alles gelassen erleben, in der zuversichtlichen Hoffnung, dass unser Zelt zwar abgebrochen, uns aber ein Haus im Himmel errichtet wird.

Paulus ruft dazu auf, in unserem zeitlichen Leben Verantwortung zu übernehmen und so zu leben, „dass wir ihm (Gott) gefallen“. Wir sollen also nicht abheben von der Wirklichkeit, sondern unsere Aufgaben hier und jetzt in der Verantwortung vor Gott wahrnehmen.
Paulus ist das so ernst, dass er sagt: „Denn wir alle müssen einmal vor dem Richterstuhl von Christus erscheinen“. Das ist kein Gericht, vor dem wir zittern müssten, denn der Richter ist ja gleichzeitig unser Anwalt und unser Erlöser. Aber wir werden trotz allem unser Leben vor ihm verantworten müssen! Doch weil der, der uns dann richtet, uns auch aufrichten wird, können wir uns mit unserem Versagen und unserer Schuld vertrauensvoll in Gottes Hände begeben und uns getrost auf unser zukünftiges Leben in seiner Gegenwart freuen! Amen.

Kapitel III
Konsequenzen, Verantwortung und Glaubwürdigkeit

So wahr es ist, dass Gott uns bedingungslos liebt und zum wahren Leben einlädt, dass wir zu unserer Erlösung also nichts einbringen müssen oder können, so wahr ist es auch, dass es keinen echten Glauben geben kann, dem gute Taten gleichgültig wären.

Die Erfahrung, von Gott anerkannt, wertgeschätzt und geliebt zu sein, kann doch nur Dankbarkeit auslösen! Und die kann sich nicht nur in Worten ausdrücken, sondern sie muss zur Tat schreiten. Und wenn sich dann zur Dankbarkeit die Erkenntnis gesellt, dass Gott meine Mitmenschen genauso wertschätzt wie mich, ist auch klar, dass etwa ein Mensch in Not mir nicht gleichgültig sein kann. Gute Taten sind selbstverständliche Früchte des Glaubens.

Ein Berliner Taxifahrer wurde einmal gefragt, was er von der Bibel halte. Er antwortete:"Det Buch kenn ick, aber det pack ick nich an. Denn wenn ick det täte, müsst ick ma ändan!" - In der Tat!

Gott sei Dank - aber richtig!
2. Korinther 9, 6 - 15

6 Ich meine aber dies: Wer da kärglich sät, der wird auch kärglich ernten; und wer da sät im Segen, der wird auch ernten im Segen. 7 Ein jeder, wie er's sich im Herzen vorgenommen hat, nicht mit Unwillen oder aus Zwang; denn einen fröhlichen Geber hat Gott lieb. 8 Gott aber kann machen, dass alle Gnade unter euch reichlich sei, damit ihr in allen Dingen allezeit volle Genüge habt und noch reich seid zu jedem guten Werk; 9 wie geschrieben steht (Psalm 112,9): »Er hat ausgestreut und den Armen gegeben; seine Gerechtigkeit bleibt in Ewigkeit.« 10 Der aber Samen gibt dem Sämann und Brot zur Speise, der wird auch euch Samen geben und ihn mehren und wachsen lassen die Früchte eurer Gerechtigkeit. 11 So werdet ihr reich sein in allen Dingen, zu geben in aller Einfalt, die durch uns wirkt Danksagung an Gott. 12 Denn der Dienst dieser Sammlung hilft nicht allein dem Mangel der Heiligen ab, sondern wirkt auch überschwänglich darin, dass viele Gott danken. 13 Denn für diesen treuen Dienst preisen sie Gott über eurem Gehorsam im Bekenntnis zum Evangelium Christi und über der Einfalt eurer Gemeinschaft mit ihnen und allen. 14 Und in ihrem Gebet für euch sehnen sie sich nach euch wegen der überschwänglichen Gnade Gottes bei euch. 15 Gott aber sei Dank für seine unaussprechliche Gabe! (2. Korinther 9, 6 - 15)

„Einen fröhlichen Geber hat Gott lieb“ - ein beliebtes Bibelzitat, mit dem man in der Vergangenheit die Spendenbereitschaft von Gottesdienstbesuchern gerne zu fördern versuchte und so leichten, biblisch abgeleiteten, moralischen Druck ausübte. So jedenfalls habe ich manche Kollektenempfehlung erlebt: „Wer wenig oder nichts gibt, den kann Gott auch nicht lieb haben“. Wenn dann noch der Hinweis auf den ersten Vers unseres Predigttextes hinzukam: „wer da kärglich sät, der wird auch kärglich ernten“, dann erschien der moralische Druck schon fast unanständig.

Die Worte klingen - zumindest aus dem Zusammenhang gerissen - in der Tat ziemlich moralisierend. Aber hat Paulus das so gemeint? Absolut nicht, wie der Zusammenhang zeigt!

Paulus führte unter seinen Missionsgemeinden für die in Not geratenen Christen und Christinnen in Jerusalem (er nennt sie „Heilige“) eine Sammlung durch und versucht hier, die Korinther dazu zu bewegen, sich erkennbar an der Hilfsaktion zu beteiligen. Doch die Argumente, die er dazu aufführt, sind alles andere als moralisierend. Lassen Sie mich noch einmal seinem Gedankengang nachgehen, kommentierend, erklärend, interpretierend:

„Wer kärglich sät, der wird auch kärglich ernten“, das ist ein unmissverständliches und einleuchtendes Bild. Es gilt auch im übertragenen Sinn: Wer nicht bereit ist zu investieren, wird auch keine Gewinne machen. Wer mit seinem Geld, seiner Zeit, seiner Zuwendung geizig und kleinlich ist, wird keine guten Beziehungen aufbauen und einsam werden. - Erstaunlicherweise fährt Paulus aber anders fort, als man erwarten könnte. Er sagt nicht: „Wer aber mit vollen Händen aussät, der wird die volle Ernte einfahren“, sondern: „wer da sät im Segen, der wird auch im Segen ernten“.

Was heißt das, „im Segen säen“? Etwa: Wer in Übereinstimmung mit Gott, vor ihm verantwortlich handelt, der wird auch mit seinem Einverständnis rechnen können, auf dessen Werk wird Gottes Segen liegen.

Jeder soll so geben, wie er sich das im Herzen vorgenommen hat, in der Verantwortung vor Gott, ohne jeden Zwang, „denn einen fröhlichen Geber hat Gott lieb“. Und die Betonung liegt hier auf „fröhlich“! Denn wer von Herzen gibt, tut dies fröhlich, macht den Empfängern und sich selbst eine Freude.

„Gott aber kann machen, dass alle Gnade unter euch reichlich sei, damit ihr in allen Dingen allezeit volle Genüge habt und noch reich seid zu jedem guten Werk“. Er kann euch so reich beschenken, dass ihr gut davon abgeben könnt, ja mehr noch: Ihr seid von Gott durch seine Gnade so reich gemacht, dass euch im Grunde nichts fehlt, so wie es im 23. Psalm heißt: „mir wird nichts fehlen“. Und deshalb seid ihr bereit und in der Lage, anderen zu helfen.

Und so wie Gott dem Sämann Samen gibt, damit Brot werden kann, gibt er euch die Voraussetzung, dass unter euch Früchte der Gerechtigkeit wachsen. Denn wer die Gerechtigkeit Gottes, das heißt die reine Gnade erlebt, verhält sich entsprechend, lebt glaubwürdig, seines Glaubens würdig.

So werdet ihr, in allen Dingen reich begnadet, gütig sein. Und durch unsere Vermittlung (‚wenn wir das Geld überbringen und dabei erzählen können, dass eure Gaben von Herzen, als Früchte der Gerechtigkeit, als Folge eures Glaubens gegeben wurden,) werden sie Gott danken und in ihrem Glauben gestärkt werden.

Sie preisen Gott dafür, dass ihr dem Bekenntnis zum Evangelium gemäß selbstverständlich zum Teilen mit ihnen und mit allen bereit seid.

In ihren Gebeten denken sie an euch und sehnen sich danach, mit euch Gottes überschwängliche Gnade zu erlangen.

Für seine unaussprechliche Gabe sei Gott gedankt!

So weit der Gedankengang des Paulus. Man sieht: Hier geht es um alles andere als um Moral! Paulus will sagen: Durch Gottes unaussprechliche Gabe, das Evangelium, werden Menschen so verändert, dass sie freimütig loslassen und abgeben können. Und dieses Verhalten wirkt dann bei anderen Dankbarkeit gegenüber Gott. Glaubwürdiges Verhalten fördert den Glauben derer, die das erleben.

Vom Evangelium bestimmtes Verhalten hat also eine doppelte Zielrichtung: Linderung der Not und Förderung des Glaubens; man könnte auch sagen: Diakonie und Mission. Bei Paulus greift das eng ineinander. Und bei uns?

Wir haben unsere Mildtätigkeit weitgehend an diakonische Einrichtungen delegiert. Und diese haben sich weitgehend verselbständigt, und zwar so, dass die Motivation aus dem Evangelium oft nur noch in den (wenig beachteten) „Leitlinien“ zu erkennen sind.

Natürlich geht es im diakonischen Handeln in erster Linie darum, die Not von Menschen zu lindern, aber es täte uns als diakonisch Handelnden und ihnen gut, wenn die ursprüngliche Motivation christlicher Nächstenliebe in der konkreten Arbeit deutlicher würde.

Mir wird das immer wieder klar in der Gefangenenarbeit. Da geht es uns nicht darum, Menschen zu missionieren, sondern zunächst einmal ihre Not zu sehen und zu lindern. Das sind anfangs ganz konkrete Nöte. Dann aber gewinnen die Gespräche sehr häufig tiefere Dimensionen. Oft werden wir gefragt, warum wir denn unsere Arbeit tun. Und dann ist der Weg zu einem Gespräch über den Glauben bald beschritten. In den Gefängnissen gibt es - entgegen der landläufigen Meinung, Straftäter seien grundsätzlich gottlos - bei sehr vielen Gefangenen einen hohen Bedarf, über religiöse Fragen zu sprechen.

Es ist also wichtig, die ursprüngliche Motivation christlichen Verhaltens ins Bewusstsein zu rücken: das, was Gott an und für uns getan hat. „Gott aber sei Dank für seine unaussprechliche Gabe!“ Dank ist die beste Form der Erinnerung. Und weil das mit dem Danken nicht immer so einfach und oft nur schwer durchzuhalten ist, üben wir es immer wieder auch gemeinsam, etwa beim Erntedankgottesdienst.

Dass der Abendmahlstisch heute so karg gedeckt ist, mag eine Hilfe sein, unseren Dank nicht nur auf die sichtbaren, materiellen Gaben zu richten. Die sind zwar auch wichtig, aber entscheidend ist doch „Gottes unaussprechbare Gabe“, seine „überschwängliche Gnade“.

Brot, Trauben und Blumen erinnern an das tägliche Brot und an tägliche Freuden, aber sie erinnern auch an das Fest des Abendmahls, an die Gemeinschaft mit dem, der uns das Leben schenkt und uns zum Leben befreit; der uns von Schuld freispricht und uns in unserer Not annimmt und tröstet; der Hoffnung in uns sät und uns Mut macht, uns fallen zu lassen und, wenn es sein muss, uns Kraft gibt, wieder aufzustehen.

Die unaussprechliche Gabe Gottes ist der Glaube, der die Welt verändern kann, weil er unser Leben verändert und uns zu Menschen macht, die sich nicht narzisstisch um sich selbst drehen müssen; die die Kraft haben, schwach zu sein und sich auf Gott zu verlassen, die aber auch stark sind, weil sie sich von Gott getragen wissen; die für andere da sein können, weil Gott für sie da ist; Menschen, die nicht unter dem unmenschlichen Zwang stehen, etwas aus sich zu machen, weil Gott schon längst etwas aus ihnen gemacht hat.

Wir können für solche Gabe nicht genug danken! Mit Gebeten, Worten und Werken, mit glaubwürdigem Verhalten. Doch wie können wir uns solcher Gabe vergewissern? Wie kommt man zu solchem Glauben? Wie entsteht er, wie wächst er und wie bewahrt man ihn?

Das kann gewiss durch das Vorbild anderer geschehen, denen es gelingt, ihren Glauben zu leben, durch (gemeinsames) Gebet, Meditation und gemeinsames Bemühen. Gewiss aber auch durch die Bereitschaft, den gesamten Segen aller Gaben Gottes auf uns wirken zu lassen. Denn die kleinen Gaben wollen auf die großen Gaben Gottes hinweisen. So wie er uns das Brot schenkt, das uns satt macht, will er uns auch zeigen, dass er im Ganzen unser Leben bewahren will.

Deshalb ist es so wichtig, dass wir wieder neu den Blick gewinnen für die scheinbar geringen, alltäglichen und uns oft so selbstverständlich gewordenen Gaben: das Licht, das wir am neuen Tag erblicken, die Luft, die wir atmen, die Sonne, den Regen, die Natur, unsere Gesundheit bzw. das, was uns davon noch geblieben ist, die Arbeit, das Hobby, die Menschen, denen wir begegnen ... Es ist so wichtig, dass wir dafür wieder einen Blick bekommen und dafür danken können.

Wir müssen es wieder lernen, denn Dietrich Bonhoeffer hat Recht, wenn er sagt: „Nur wer für das Geringe dankt, empfängt auch das Große. Wir hindern Gott, uns die großen geistlichen Gaben, die er für uns bereit hat, zu schenken, weil wir für die täglichen Gaben nicht danken.“ -
Und wenn er uns dann die „großen geistlichen Gaben“ schenkt, dann können wir ihm dafür danken, indem wir glaubwürdig leben, unter anderem indem wir nicht kärglich säen, sondern fröhlich geben. - Amen.

„Schwerter zu Pflugscharen" - Frieden ist möglich!
Jesaja 2, 1 - 5

1 Dies ist's, was Jesaja, der Sohn des Amoz, geschaut hat über Juda und Jerusalem: 2 Es wird zur letzten Zeit der Berg, da des Herrn Haus ist, fest stehen, höher als alle Berge und über alle Hügel erhaben, und alle Heiden werden herzulaufen, 3 und viele Völker werden hingehen und sagen: Kommt, lasst uns auf den Berg des Herrn gehen, zum Hause des Gottes Jakobs, dass er uns lehre seine Wege und wir wandeln auf seinen Steigen! Denn von Zion wird Weisung ausgehen und des Herrn Wort von Jerusalem. 4 Und er wird richten unter den Heiden und zurechtweisen viele Völker. Da werden sie ihre Schwerter zu Pflugscharen und ihre Spieße zu Sicheln machen. Denn es wird kein Volk wider das andere das Schwert erheben, und sie werden hinfort nicht mehr lernen, Krieg zu führen. 5 Kommt nun, ihr vom Hause Jakob, lasst uns wandeln im Licht des Herrn! (Jesaja 2, 1 - 5)

Das Wort vom Umnutzen der Schwerter in Pflugscharen weckt recht unterschiedliche Assoziationen unter und auch in uns:

- Sehnsucht nach Frieden, nach einer heilen Welt
- Erinnerungen an einen gelungenen Umgang mit diesem Wort in der damaligen DDR
- Erinnerung an die Friedensbewegung und auch an blauäugigen Pazifismus
- Und vielen stößt der krasse Unterschied zwischen der Friedensbotschaft und der Aufforderung der Bibel zum Frieden auf der einen Seite und dem erbärmlichen Versagen der Christenheit und der Kirche auf: Machtgier (nicht nur im Mittelalter), Kreuzzüge, Kriegspredigten im ersten und zweiten Weltkrieg …

Verweisen solche Einsichten den Text des Jesaja nicht in den Bereich realitätsfremder Träumerei? Nach dem Motto: „Schön wär's, aber die Verhältnisse sind nicht so!" Ganz und gar nicht! Jesaja steht mitten in einer von

Hass und Krieg bewegten und geprägten Realität. Aber er setzt den Friedenswillen Gottes dagegen!

Wenn ein Mensch von diesem Friedenswillen Gottes angerührt ist, dann ändert sich sein Blick auf die Realität. Er wird sie nicht mehr fatalistisch hinnehmen, sondern als veränderbar ansehen und deshalb auch als veränderbar erfahren. Gewiss, die Verhältnisse sind nicht so, aber sie müssen um Gottes Willen nicht so bleiben!

Deshalb zieht Jesaja aus der eingangs geschilderten Vision vom Ziel des Friedenswillens Gottes die einzig richtige Konsequenz: Er fordert seine Hörer (und Leser) auf: „Lasst uns wandeln im Licht des Herrn!“ Das könnte bedeuten:

1. Habt das große Ziel Gottes mit seiner Welt stets vor Augen!
2. Ihr seid Mitarbeiter Gottes. Mit und durch euch soll das Ziel erreicht werden.
3. Ihr seid Botschafter Gottes, seid „Licht der Welt“ und „Salz der Erde“.
4. Ihr dürft im Licht Gottes hoffen, vertrauen, Klarheit und Orientierung gewinnen, Geborgenheit erleben und fröhlich sein.
5. Solches Hoffen und Vertrauen, solcher Friede ist lernbar! Die Völker werden lernen, nie mehr Krieg zu führen, um wie viel mehr die, die im „ Licht des Herrn wandeln“!

Lernbar und machbar ist das! Vor allem friedensbewegte Christen und Christinnen in der ehemaligen DDR haben das überzeugend gelebt. Vom Protest gegen den Wehrkundeunterricht bis hin zu den Leipziger Montagsdemonstrationen und dem Fall der Mauer.

„Wir hatten mit allem gerechnet, nur nicht mit Gebet und Kerzen!“ wunderte sich ein Vertreter des atheistischen Regierungsapparates. Das christlich motivierte Friedenshandeln und seine Erfolge lösen Verwunderung und Anerkennung aus.

Das hätte der Anfang einer „Christianisierung“ Ostdeutschlands werden können, aber das Gegenteil geschah: Menschen traten reihenweise aus der Kirche aus, nachdem sie aufgefordert wurden, nun Kirchensteuer zu zahlen. - Die Macht des Materiellen war stärker als die Faszination der Glaubenskraft, der erwartungsvollen Zuversicht auf den Gott, der nicht auf Waffen setzt, sondern auf Liebe und Gottvertrauen. Wie sagte noch Brecht: „Erst kommt das Fressen, dann die Moral.“ Auch das gehört zur bitteren Realität.

Doch das darf uns nicht davon abhalten, unseren Auftrag wahrzunehmen, die Wirklichkeit nach Gottes Willen umzugestalten! Wenn wir auf „Kerzen und Gebete“ verzichten, die klare Besinnung und Ausrichtung auf Gott aufgeben (auch wenn wir formal liturgische Pflichten erfüllen), wenn wir selbst nicht mehr an die verändernde Kraft aufrichtigen Gottvertrauens glauben, dann haben wir schon verloren. Wir haben dann nämlich
- die Verbundenheit mit Gott
- den letzten Sinn unseres Lebens
- unsere Glaubwürdigkeit als Botschafter
- und jede Bedeutung in unserer und für unsere Gesellschaft

verloren.

Das Lernen, Schwerter in Pflugscharen umzuschmieden, die Welt nach Gottes Willen immer mehr in eine friedliche Welt umzuwandeln, hat eine notwendige Voraussetzung: die immer neue Vergewisserung unserer Mitte, unserer Kraft, unserer Möglichkeiten und Hoffnungen im Licht der Gegenwart Gottes. Wer Frieden will, muss unter Umständen auf Macht verzichten. Wie kann ich das aber, wenn ich nicht auf Gott vertrauen kann, der mich tragen, schützen und bewahren will?!

Das darf, das muss ich wissen, wenn ich mich am Friedensprozess Gottes beteiligen will, wenn ich es lernen will, „Schwerter zu Pflugscharen“ zu formen, dazu beizutragen, dass diese Welt so wird, wie sie es um Gottes

Willen sein soll: Ich gehe diesen Weg nicht alleine und darf mich auf Gott verlassen!

Aber das geht nicht von selbst. Der Frieden ist nicht einfach schon da, wenn wir das wollen. Aber wie sollen, wie können wir das lernen? Wie sollen wir es anstellen? Wir müssen uns in unserem Bemühen dem Anspruch und auch der Kritik Gottes aussetzen. Wir müssen uns auf seine Zukunft einlassen und seine Verheißung ernst nehmen. Dann werden wir immer wieder gegen alle Realität auf Gott vertrauen.

Gewiss, das kann sehr lange dauern und unendlich schwer werden. Fanatische, vom Bösen geleitete Menschen werden immer wieder mit ihren unmenschlichen, brutalen Taten unser Gottvertrauen und unsere Friedenshoffnung herausfordern und auf die Probe stellen. Dann sind wir angewiesen auf „Kerzen und Gebete“, auf die Gemeinschaft derer, die sich auf Gott besinnen.

Es bleibt dabei, auch wenn wir auf eine lange Geschichte des Scheiterns zurückblicken müssen: Wir haben einen Auftrag und eine Verheißung! Und um diesen Auftrag gut und treu auszuführen, ist nicht nur die Vergewisserung unseres Gottvertrauens notwendig.

Hilfreich ist dabei ein kritischer Blick auf das Versagen von Christen als Botschafter des Friedens Gottes:

- das Machtstreben der Kirche im Mittelalter, das zur Verbindung und zum Streit zwischen „Thron und Altar“ führte
- Kreuzzüge und Rassismus (selbst Martin Luther entwickelte sich vom Sympathisanten zum Bauern- und Judenhasser.)
- Kriegsbegeisterung und religiöse Rechtfertigung des Krieges besonders im ersten, aber auch im zweiten Weltkrieg (Pazifist war damals ein Schimpfwort.)

- und heute: Die Kirche schweigt weitgehend zum Waffenhandel, und Christen und Christinnen rechtfertigen ihn oft mit der problematischen Begründung: „Wenn wir nicht das Geschäft machen, tun es andere.“
- Von der offiziellen Erklärung der Evangelischen Kirche in Deutschland „Krieg soll nach Gottes Willen nicht sein“ scheint man sich verabschiedet zu haben und nimmt die problematische Entwicklung der Bundeswehr zu immer größere Bereitschaft, weltweit „Verantwortung“ zu übernehmen, widerspruchslos hin.

Das führt zur Kapitulation vor angeblichen Sachzwängen und unveränderterer Realität - auf Kosten von Wirklichkeit veränderndem Gottvertrauen. Die von gegenseitigem Hass entstellte Wirklichkeit kann nur verändert werden, wenn Menschen dem biblischen Gebot der Feindesliebe entsprechend den Feind entfeinden, im Gottlosen das Geschöpf Gottes, im Bösen den dennoch von Gott wertgeachteten Menschen sehen.

Menschen neigen dazu, andere auf den negativen Bereich ihrer Persönlichkeit zu reduzieren. So, meint man, kann man dann besser mit ihnen fertig werden. Wie wäre es, wenn wir sie in „Gottes Schubladen“ steckten? Den Staatsfeind, den Terroristen, den Verbrecher, den Nachbarn, den Ehepartner?

„Lasst uns wandeln im Licht des Herrn“, das heißt auch: andere Menschen im Licht Gottes, mit den Augen Gottes sehen, als Geschwister Jesu betrachten. Sie sind es - gegen allen Schein der vermeintlich so eindeutigen Wirklichkeit. In *Wirklichkeit* mögen sie in der Tat durch und durch böse sein, in *Wahrheit* aber bleiben sie Gottes (geliebte) Geschöpfe! - Wenn es uns gelingt, ihnen zu zeigen, dass wir sie so sehen, könnte das der Beginn einer Veränderung sein und ein Schritt auf dem Weg zum Frieden.

Ich lasse mir den Glauben nicht nehmen, dass der Friedensverheißung Gottes letztlich mehr Kraft innewohnt als allem zerstörerischen Handeln böser Menschen. Deshalb: So schwer und mühsam der Weg auch sein mag, lasst ihn uns gehen! Amen.

„Er gibet Speise, reichlich und überall“?
Lukas 9, 10 -17

„Erst kommt das Fressen, dann die Moral!“ Mit diesem Satz wollte der kommunistische Dichter Bert Brecht drastisch den einzigen Weg zur gesellschaftlichen Verbesserung beschreiben. Erst müssen die materiellen Bedürfnisse befriedigt werden und dann kann man mit den Menschen über ideelle Werte reden.

Doch Brecht lag mit seinem Satz doppelt falsch: 1. Das Fressen kam zwar, aber die Moral stellte sich deshalb noch lange nicht ein! Satte Menschen halten es oft nicht für nötig, über den Tellerrand hinauszudenken. 2. Wenn Brecht die Bibel, die er auf Nachfrage erstaunlicherweise als das wichtigste aller Bücher bezeichnete, genauer gelesen hätte, hätte er von Jesus lernen können, dass Menschen mitunter durchaus mehr Hunger nach dem Wort Gottes als nach Brot haben.

1 Und die Apostel kamen zurück und erzählten Jesus, wie große Dinge sie getan hatten. Und er nahm sie zu sich, und er zog sich mit ihnen allein in die Stadt zurück, die heißt Betsaida. 11 Als die Menge das merkte, zog sie ihm nach. Und er ließ sie zu sich und sprach zu ihnen vom Reich Gottes und machte gesund, die der Heilung bedurften. 12 Aber der Tag fing an, sich zu neigen. Da traten die Zwölf zu ihm und sprachen: Lass das Volk gehen, damit sie hingehen in die Dörfer und Höfe ringsum und Herberge und Essen finden; denn wir sind hier in der Wüste. 13 Er aber sprach zu ihnen: Gebt ihr ihnen zu essen. Sie sprachen: Wir haben nicht mehr als fünf Brote und zwei Fische, es sei denn, dass wir hingehen sollen und für alle diese Leute Essen kaufen. 14 Denn es waren etwa fünftausend Mann. Er sprach aber zu seinen Jüngern: Lasst sie sich setzen in Gruppen zu je fünfzig. 15 Und sie taten das und ließen alle sich setzen. 16 Da nahm er die fünf Brote und zwei Fische und sah auf zum Himmel und dankte, brach sie und gab sie den Jüngern, damit sie dem Volk austeilten. 17 Und sie aßen und wurden alle satt; und es wurde aufgesammelt, was sie an Brocken übrig ließen, zwölf Körbe voll. (Lukas 9, 10 – 17)

Eine Geschichte vom Sattwerden, gewiss. Aber von welchem Hunger ist hier die Rede? Vom Hunger auf Brot oder vom Hunger auf das Reich Gottes? Beides kommt hier vor, aber was ist wichtiger? Jesus gibt eine eindeutige Antwort: Zunächst predigt er vom Reich Gottes! Die Erfahrung bestätigt das: „Ein voller Bauch studiert nicht gern.“ Wer satt ist, ist oft nicht geneigt, sich geistigen oder geistlichen Bemühungen zu unterziehen. Menschen dagegen, die richtig fasten, sind zu klareren Gedanken fähig. Und wer seine Seele gestärkt hat, hat mehr Energie, materieller Not zu begegnen. Ernst Lange berichtet in einer Kurzgeschichte von einem Pfarrer, der nach Kriegsende mit seinem Freund versucht, die stark beschädigte Kirche wieder in Stand zu setzen. Dabei werden sie von einem russischen Soldaten überrascht und barsch gefragt: „Was ihr hier machen?“ Da antwortet der Pfarrer: „Wir bauen unsere Kirche wieder auf.“ Darauf der Soldat: „Die Menschen brauchen keine Kirche, sie brauchen Häuser, in denen sie wohnen können.“ Und der Pfarrer erwidert: „Die Menschen brauchen die Kirche, um Mut zu bekommen, damit sie ihre Häuser wieder aufbauen können!“

Genau darum geht es in unserer Geschichte: Die Menschen hören vom Reich Gottes und finden Möglichkeiten, satt zu werden.

Auffällig ist: Die Menschen rufen nicht nach Essen; sie gehen nicht weg, weil sie keinen Hunger verspüren. Über dem Zuhören scheinen sie ihren Hunger gar nicht zu merken. Die Jünger sind es! Vielleicht sind sie besonders mitfühlend, vielleicht trauen sie den Zuhörern Jesu gar nicht zu, dass ihnen ihr Hunger nebensächlich ist, dass für sie nur die Worte Jesu wichtig sind.

Was trauen wir den Menschen in der Kirche eigentlich zu: Oftmals rufen Predigten in erster Linie zu Mitmenschlichkeit und sozialem Engagement auf, die Jugendarbeit dreht sich oft nur um Spiel und Spaß, kulturelle Themen ersetzen oft weitgehend biblisch-theologische. Wir bieten den

Menschen das Wort Gottes nur noch „light“ und nebenbei an. Wir bleiben den Menschen über weite Strecken das Wesentliche schuldig! Manches Mal habe ich mich nach einem Geburtstags- oder Krankenbesuch gefragt, warum ich mit dem Besuchten kein Gebet gesprochen habe. Menschen erwarten von Christen, dass sie sich wie Christen verhalten! Erwarten in bestimmten Situationen eben auch ein klares Zeugnis.

Wir müssen uns in unserer Kirche wieder mehr auf das Wesentliche konzentrieren, den Vorrang des Wortes Gottes vor allem anderen erkennen und in unserer Arbeit deutlich werden lassen. Jesus lädt nicht ein zum Kalten Buffet, bei dem dann unter anderem auch ein Tischgebet gesprochen wird.

Wir haben zu reden vom Sinn des Lebens, von Lebenszielen, von Erlösung, von Vergebung, Freiheit und Hoffnung, von der unbedingten Liebe Gottes, vom Evangelium. Das ist die Grundlage, die Voraussetzung, das unbedingt Vorrangige. Eine Kirche verliert ihren Anspruch auf Daseinsberechtigung, ihre Glaubwürdigkeit und auch ihre Attraktivität, wenn sie anders verfährt!

Unsere Geschichte zeigt aber auch, dass Jesus den leiblichen Hunger, die materiellen Bedürfnisse der Menschen ernst nimmt. Er geht auf den Hinweis der Jünger ein. Auch im Vater unser spielt die Brotbitte eine wichtige Rolle.

Die Jünger setzen sich dafür ein, dass Menschen satt werden. In der Wüste, in der Konzentration auf das Wesentliche, in der Begegnung mit dem Reich Gottes werden die Jünger sensibel für die Bedürftigkeit, die materielle Not der Menschen.

Auch wir müssen dafür sensibel werden. Aber da hilft und reicht es nicht, für die Hungernden zu beten: „Gott, tu endlich was!“ Jesus lässt die Jünger aktiv werden und sagt: „Gebt ihnen zu essen.“

Den Hunger in der Welt werden wir nur stillen können, wenn wir aufmerksam den Worten Jesu zugehört haben. Wenn wir als die Satten und Besitzenden unsere Gesinnung ändern. Wenn wir mit allen Konsequenzen Jesu Auftrag wahrnehmen: „Gebt ihr ihnen zu essen."

Es geht nur so, indem wir im Vertrauen auf Gott konkrete Schritte tun. Die Jünger haben keinen Plan, können sich nicht vorstellen, dass die Aufgabe zu lösen ist, aber sie setzen ihr Vertrauen auf Jesus und fangen an zu teilen. Und im Teilen vermehrt sich das Brot. Das Wunder, das nicht Vorhersehbare, das alle Erwartungen Übertreffende geschieht: alle werden satt!

Die Aufgabe, acht Milliarden Menschen heute gleichzeitig zu ernähren, mag genauso undurchführbar erscheinen wie die, mit fünf Broten und zwei Fischen fünftausend Menschen satt zu machen. Doch im Gehorsam gegen Gottes Willen und im Vertrauen auf seine Möglichkeiten wird es möglich sein!

„Er gibet Speise reichlich", ja! Und „überall"? Das ist *unsere* Aufgabe! Die Ressourcen reichen, sie müssen nur gerecht verteilt werden. Wenn wir zuvor sein Wort gehört haben, dann werden wir uns dieser Aufgabe stellen, als Antwort auf Gottes Wort verantwortlich handeln.

Warum nehmen wir unsere Verantwortung so wenig oder nur so unzureichend wahr? Warum ist unsere Bereitschaft so schwach, unsere Anstrengung so halbherzig, unsere Fantasie so gering?

Die größere Anfechtung ist für mich nicht, dass die Satten so ungläubig sind, sondern dass die Gläubigen so wenig satt machen können!

Wenn die Menschen es schafften, alle satt werden zu lassen, wäre das ein Wunder, das dem in unserer Geschichte gleichkäme. Das würde allerdings ein anderes Wunder voraussetzen, dass nämlich ein grundsätzlicher Gesinnungswandel in vielen Köpfen stattfindet: dass

- die Not der anderen wahrgenommen wird,
- Bereitschaft zum Teilen und Abgeben besteht,
- in Gottes Namen und im Vertrauen auf ihn Fantasie entwickelt und die Liebe aktiviert wird.

„Wir haben nicht mehr als fünf Brote und zwei Fische“, wandten die Jünger ein „es sei denn, dass wir hingehen sollen und für alle diese Leute Essen kaufen“. Ergänzend kann man sich denken: „Bei unseren finanziellen Verhältnissen kann das doch wohl nicht dein Ernst sein. Wir haben ja kaum genug für uns selbst!“. Heute würden wir sagen: „Wir können doch nicht die ganze Welt ernähren. Wir haben im eigenen Land schon genug Probleme!“

Doch Jesus sagt nur: „Lasst sie sich setzen!“ Tut, was ich euch sage. Fangt an zu teilen. Gebt ab von eurem Besitz. Vertraut mir. Ihr werdet sehen: Es geht! Alle werden satt werden. Und ihr werdet ihnen mehr gegeben haben als Brot; nämlich ein konkretes Beispiel dafür, was mit Menschen geschieht, die etwas verstanden haben vom Reich Gottes. Amen.

„Nachfolge light“ gibt es nicht
Lukas 14, 25, - 33

Christen und Christinnen sind keine besseren Menschen, aber sie geben den Versuch nicht auf, bessere Menschen zu werden – nicht besser als andere, sondern besser als sie es bisher waren. Sie stellen sich den Ansprüchen, die Jesus Christus an die stellt, die seinen Namen tragen, sich auf ihn berufen, ihm nachfolgen wollen.

Sie stellen sich den Ansprüchen, wie Jesus sie in der Bergpredigt geäußert hat: den Nächsten und die Feinde zu lieben, zu segnen statt zu fluchen, die andere Wange hinzuhalten, Böses mit Gutem zu überwinden – auch wenn es schwerfällt und sie immer wieder daran scheitern.

Wer wirklich Christ sein will, stellt sich den Forderungen Jesu immer neu und gibt nicht auf. Will er Christ bleiben, kann er gar nicht anders. Allerdings weiß er, dass er wohl immer wieder scheitern wird, dass aber auch sein Scheitern unter Gottes Vergebung steht, die Jesus zugesagt hat.

Christen sind deshalb nicht besser als andere, aber sie *haben* es besser! Weil sie sich auch mit ihren Schwächen und ihrem Versagen angenommen und geliebt wissen dürfen. Das klingt einleuchtend und ist es auch!

Aber manchmal kommen einem da doch Zweifel. Nicht weil der Ehrliche immer wieder der Dumme ist, weil die Moral der Karriere im Weg steht, weil das Gewissen den Weg zum Wohlstand versperrt, sondern weil manche Worte Jesu solche Zweifel begründen: sperrige, unverständliche, provozierende Worte Jesu, die zum Widerspruch reizen:

1 Es ging aber eine große Menge mit ihm; und er wandte sich um und sprach zu ihnen: 26 Wenn jemand zu mir kommt und hasst nicht seinen Vater, Mutter, Frau, Kinder, Brüder, Schwestern und dazu sich selbst, der kann nicht mein Jünger sein. 27 Und wer nicht sein Kreuz trägt und mir nachfolgt, der kann nicht mein Jünger sein. 28 Denn wer ist unter euch, der einen Turm bauen will und setzt sich nicht zuvor hin und überschlägt die Kosten, ob er genug habe, um es auszuführen? 29 damit nicht, wenn er den Grund gelegt hat und kann's nicht ausführen, alle, die es sehen, anfangen, über ihn zu spotten, 30 und sagen: Dieser Mensch hat angefangen zu bauen und kann's nicht ausführen. 31 Oder welcher König will sich auf einen Krieg einlassen gegen einen anderen König und setzt sich nicht zuvor hin und hält Rat, ob er mit Zehntausend dem begegnen kann, der über ihn kommt mit zwanzigtausend? 32 Wenn nicht, so schickt er eine Gesandtschaft, solange jener noch fern ist, und bittet um Frieden. 33 So auch jeder unter euch, der sich nicht lossagt von allem, was er hat, der kann nicht mein Jünger sein. (Lukas 14, 25 – 33)

„Wenn jemand zu mir kommt und hasst nicht seinen Vater, seine Mutter …" Ich erinnere mich an die spontane Äußerung einer Frau zu diesem Satz: „Wenn Jesus das ernst meint, dann kann er kein Christ sein!" Und sie meint: Das widerspricht doch allem, was er sonst gesagt hat! Hat er nicht gerade zur Liebe, sogar zu den Feinden aufgerufen? Hass ist doch das Gegenteil!

In der Tat: entweder redet Jesus mal so und mal so und weiß selbst nicht, was er will, oder er meint das anders als wir es verstehen. Und tatsächlich, Jesus meint hier mit „hassen" etwas anderes als wir darunter verstehen.

Jesus meint eine bewusste Absage, Abkehr und Ablehnung. Ihr müsst euch eindeutig trennen, kompromisslos abnabeln von dem, was euch gefangen hält und daran hindern könnte, mir nachzufolgen. (Genauso konsequent hatte Jesus sich von seiner Familie vorerst abgekehrt!) So wie er an anderer Stelle sagt: „Niemand kann zwei Herren dienen, entweder er wird den einen hassen und den anderen lieben, oder dem einen dienen und den anderen verachten." Ungeteilte Zuneigung erfordert Brüche!

Wenn Jesus von „hassen" redet, dann hat das keinen emotionalen Inhalt, wie wir etwa Hassgefühle empfinden. Das ist von der Sache her schon ausgeschlossen, denn Hass würde ja noch eine tiefe Verbindung bedeuten, würde Nachfolge behindern. Was ich hasse, daran hängt ja noch mein Herz, wenn auch mit negativen Empfindungen. Ebenso wie Jesus mit Feindes- oder Nächstenliebe keine Gefühle, sondern eine Einstellung zum andern Menschen meint. Ich muss meine Feinde nicht mögen, ich soll sie als Menschen wertschätzen.

Jesus meint also mit seinem „Aufruf zum Hassen“: Macht euch ganz frei von alten Bindungen, so gut und wichtig sie auch waren. Jetzt darf euch nichts mehr festhalten und daran hindern mir nachzufolgen. Nur so könnt ihr meine Jünger sein.

Doch auch so ist es immer noch problematisch: Kann Jesus wirklich wollen, dass Menschen sich von ihren Familien und besten Freunden trennen? Dass sie sich selbst verleugnen? Das kann er nicht grundsätzlich und für alle Fälle gemeint haben. Er selbst hat ja bis zu seinem öffentlichen Auftreten im Familienverbund gelebt.

Hier müssen wir schon den Zusammenhang genau betrachten: Jesus geht nach Jerusalem. Es wird ein harter Weg werden. Er wird vom Reich Gottes sprechen und seine Predigt wird nicht nur auf Zustimmung stoßen. Jetzt, für diese besondere Situation braucht er Menschen, die kompromisslos, bedingungslos, ungeteilt hinter und neben ihm stehen. Er kann da keine Begleiter gebrauchen, die ihm etwa sagen: „Verzichte heute mal auf mich, meine Frau hat heute Geburtstag.“ Im Sport kennen wir auch solche Situationen: Vor der Fußballweltmeisterschaft oder vor Olympia ziehen die Sportler in ein Trainingslager, in dem es keine Kompromisse mit dem alten Leben gibt. Da zählt nur noch, was dem angestrebten Sieg dient. Da zählt nicht mal der einzelne Sportler mit seinen Schmerzen, seinem Stöhnen, seinen Klagen.

Die Nachfolger Jesu auf dem Weg zum Kreuz, im Einsatz für das Reich Gottes, bei dem die Entscheidung fällt, ob die Menschen das Evangelium annehmen werden oder ablehnen, sie werden es nicht anders machen können, wenn sie das Ziel erreichen, ihrem Auftrag gerecht werden wollen. Eigene Wünsche, Sehnsüchte, alte Bindungen zählen jetzt nicht, sie wären nur hinderlich.

Wir stehen nicht in der Situation der Jünger damals. Doch für uns stellt sich die Frage: Was bleibt für unsere Situation von der Schärfe der Forderung Jesu, sich von jeglichen Bindungen zu lösen? Da ist jeglicher Rigorismus und Fanatismus ebenso fragwürdig wie verharmlosende Abschwächung. Denn wir können nicht so tun, als hätten wir mit der Forderung Jesu an seine Nachfolger damals gar nichts zu tun.

Auch für uns gilt: Christ sein kann man nicht so nebenbei! Das fordert mich ganz, mit meinem ganzen Leben. So ein bisschen Christ sein von 10.00 h – 11.00 h sonntags, das reicht nicht! Seinen Glauben im Gottesdienst bekennen und sich im Rest der Woche nicht unterscheiden, das reicht nicht.

Aber muss ich denn Albert Schweizer oder Mutter Theresa werden? Gibt es nicht auch konsequente und glaubwürdige Nachfolge im ganz normalen Alltag? Vielleicht gerade da besonders! Denn gerade da können Situationen auftreten, die der Situation der Jünger damals sehr ähnlich sind: wo ich mich voll und ganz auf das konzentrieren muss, was dann von mir erwartet wird. Etwa wenn ich Menschen oder Familien begegne, die in Not geraten sind, wenn mich z. B. ein Mensch, der Suizid begehen will, nachts anruft, weil er darin noch eine allerletzte Chance sieht …

Christ sein, Jesus Christus nachfolgen heißt auch heute: die Bereitschaft zu kompromisslosem Handeln mitbringen, da wo es not – wendig ist, sich ganz und gar in eine Sache reinhängen, um der Sache Gottes und um der Menschen willen.

Das kann schwer werden! „Überlegt es euch gut“, sagt Jesus. „Wer unter euch, der einen Turm bauen will und setzt sich nicht zuvor hin und überschlägt die Kosten …Überlegt es euch vorher, sonst macht ihr euch lächerlich!“

Unser Text will uns davor warnen, Nachfolge auf die leichte Schulter zu nehmen. Gegen die Tendenz mancher Verkündigung und Lebensäußerung von Kirche heute mit dem oft niederschwelligen Angebot auf die Menschen zugehen: „Komm doch zu uns. Mitmachen kostet nichts. Du brauchst nichts aufzugeben und nichts zu investieren.“

Natürlich darf jede und jeder sich unverbindlich informieren. Doch damit ist man ja noch kein Christ, kein Nachfolger von Jesus Christus.

Es gibt eine nachvollziehbare Halbherzigkeit derer, die sich noch nicht entscheiden können, die noch auf der Suche sind. Aber es gibt eine unerträgliche Halbherzigkeit derer, die von ganzem Herzen sagen, sie seien Christ, es aber nur mit halbem Herzen sind. Ihnen stellt Jesus die unüberhörbare Frage: „Seid ihr Mitläufer oder Nachfolger?“

Es ist vielleicht ganz *interessant* Mitläufer zu sein, aber es *lohnt* sich Nachfolger zu sein! Amen.

So ist das mit der Liebe!
Markus 12, 28 - 34

Gnade sei mit euch von Gott unserem Vater und unserem Herrn Jesus Christus!
Der für heute vorgeschlagene Predigttext steht im Markusevangelium, Kapitel 12, Vers 28 – 34.

28 Und es trat zu ihm einer von den Schriftgelehrten, der ihnen zugehört hatte, wie sie miteinander stritten. Und als er sah, dass er ihnen gut geantwortet hatte, fragte er ihn: Welches ist das höchste Gebot von allen? 29
Jesus aber antwortete ihm: Das höchste Gebot ist das: „Höre, Israel, der Herr, unser Gott, ist der Herr allein, 30 und du sollst den Herrn, deinen Gott, lieben von ganzem Herzen, von ganzer Seele, von ganzem Gemüt und von allen deinen Kräften“. 31 Das andere ist dies: „Du sollst deinen Nächsten lieben wie dich selbst“. Es ist kein anderes Gebot größer als diese. 32 Und der Schriftgelehrte sprach zu ihm: Meister, du hast wahrhaftig recht geredet! Er ist nur einer, und ist kein anderer außer ihm; 33 und ihn lieben von ganzem Herzen, von ganzem Gemüt und von allen Kräften, und seinen Nächsten lieben wie sich selbst, das ist mehr als alle Brandopfer und Schlachtopfer. 34 Als Jesus aber sah, dass er verständig antwortete, sprach er zu ihm: Du bist nicht fern vom Reich Gottes. Und niemand wagte mehr, ihn zu fragen.

Liebe Gemeinde,
das will uns der heutige Predigttext sagen:

Gott, der Herr, ist der Herr allein.

Du sollst den Herrn, deinen Gott, lieben

von ganzem Herzen,
von ganzer Seele,
von ganzem Gemüt

und mit allen deinen Kräften.

Und:
Du sollst deinen Nächsten lieben
wie dich selbst.

Tut das und ihr seid nicht fern vom Reich Gottes!

Amen.

Orgelmeditation

Liebe Gemeinde,
war ihnen das zu wenig, um zu verstehen, was gemeint ist? Oder zu viel, um es im Leben umzusetzen? Muss das noch erklärt werden? Oder brauchen Sie noch eine besondere Motivation, um nach diesen Geboten handeln zu können?

Ist dieses „Doppelgebot der Liebe“ heute nicht mehr klar und deutlich? Oder ist es nicht mehr so wichtig? Oder ist es nur so schwer umzusetzen in einer Welt, der es unwichtig geworden ist, in der Nächstenliebe und mehr noch Gottesliebe keinen Platz zu haben scheinen?

Für die Nächstenliebe wie für die Gottesliebe gibt es keine Erklärungsmodelle, mit denen sie uns nahe gebracht werden könnten und es gibt keine Rezepte, die es ermöglichen, sie einfach in die Tat umzusetzen.

Liebe muss gelebt werden, ganz und gar, mit dem ganzen Menschen, „von ganzem Herzen, von ganzer Seele, von ganzem Gemüt und mit allen ... Kräften“. Liebe muss geglaubt und getan werden!

Gott lieben heißt: ihm glauben, vertrauen, sich auf ihn verlassen, sich ihm vertrauensvoll ausliefern. Das hat mit romantischen Gefühlen nichts zu tun! Das fängt genau da an, wo auch Jesus ansetzt: „Höre, Israel, der Herr, unser Gott, ist Gott allein“. Das erkennen und anerkennen, Gott Gott sein lassen, das muss in der Liebe zu Gott enden.

Das zweite aber ist: “Du sollst deinen Nächsten lieben wie dich selbst. Ist das nicht eine selbstverständliche Folge der Gottesliebe? Mit dem Schöpfer seine von ihm geliebten Geschöpfe lieben; in den Geschöpfen, auch in den entstellten Geschöpfen den Schöpfer erkennen und lieben.

Nächstenliebe ist selbstverständliche Folge der Liebe zu Gott und sie ist Antwort auf die Liebe Gottes zu uns, wie sie in Jesus offenbar und konkret wurde. Wir sind von Gott geliebt, in der Tat geliebt. Das ist gewiss wahr. Aber genauso wahr ist, dass die anderen auch von Gott geliebt sind und von uns geliebt werden sollen, genauso selbstverständlich, wie wir uns selbst lieben dürfen und sollen.

Sich selbst lieben dürfen oder gar sollen, das geschieht gegen weitläufig überkommene christliche Erziehung. Doch Gott will dass wir auch uns lieben. Wie sollten wir uns nicht lieben, wo wir doch von Gott geliebt sind? Es ist kaum auszumachen, wie viel Unheil geschehen ist, weil es Menschen nicht erlaubt wurde, sich selbst zu lieben! Aus der Liebe zu Gott und der Liebe Gottes zu uns folgen Nächstenliebe und Eigenliebe ganz von selbst.

Man löse das eine nicht vom anderen! Gottesliebe ohne Nächstenliebe verkommt zu scheinheiliger, verlogener Frömmigkeit. Da gibt es Brand- und Schlachtopfer, da werden religiöse Pflichten erledigt und der Nächste übersehen, übergangen. Der Priester macht einen großen Bogen um den, der unter die Räuber gefallen ist. Auf dem Altar eines frommen Egoismus wird die Nächstenliebe geopfert. Und Gott sagt: „Ich mag deine Brandopfer nicht riechen und kann das Geplärr deiner Lieder nicht mehr hören!“

Doch Nächstenliebe ohne Gottesliebe droht zum flachen Sozialaktivismus zu verkommen. Da geht der Liebe schnell der Atem aus. Da wird der Saat der gute Boden entzogen. Da fehlt dann die Kraftquelle. Wenn ein Akku nicht mehr aufgeladen werden kann, ist er eines Tages leer und taugt nichts mehr.

Gottes- oder Nächstenliebe ohne Eigenliebe führt leicht zur Frustration, mitunter zum Selbsthass. Da hassen sich Menschen dafür, dass sie sich selbst verweigern, was sie anderen zukommen lassen, fragen sich ärgerlich: Warum soll ich anderen Gutes tun, wenn ich nicht einmal mir selbst

Gutes tue? Wieso haben andere das mehr verdient als ich? Und wenn sie es nicht lernen, sich selbst zu mögen, dann wird ihre Nächstenliebe zur Gesetzlichkeit, die keine Freude verbreitet, weder ihnen, noch den anderen, die ihnen das abspüren.

Gott lieben, meinen Nächsten lieben, mich selbst lieben, ist das so schwer? Vielleicht ist es leichter, wenn ich alles in einem unlösbaren Zusammenhang sehe, in dem sich das Eine ganz selbstverständlich aus dem Anderen ergibt.

Dass das so ist und dass es möglich ist, kann ich nur erleben, wenn ich es tue! Im Vertrauen auf den einen Herrn und Gott. Liebe kann ich nur glauben und tun.

Lassen wir uns nicht entmutigen oder beirren von der gängigen Meinung, Gott zu lieben sei ebenso dumm wie den Nächsten zu lieben. Lassen wir uns nicht anstecken von der lieblosen Kälte unserer Gesellschaft und dem zerstörerischen, von aller Liebe losgelösten Egoismus.

Liebe ist lebbar, Gottesliebe, Nächstenliebe, Eigenliebe – auch heute, Gott sei Dank!
Amen.

Kapitel IV
Kirche und Reich Gottes

Dass das Reich Gottes einmal endgültig kommen wird und dass es unter uns ansatzweise wirklich werden kann, dass es „nahe herbei gekommen“ ist, das war Jesu Überzeugung und Versprechen. Als Kirche, als die Gemeinschaft der zu Gott gehörigen (Heiligen) und der von Gott begnadeten Sünder versuchen wir im Blick auf das Ziel schon jetzt als Gottes Mitarbeiter am Reich Gottes mitzuwirken.

Aber mit der Kirche und dem Reich Gottes ist das so ein Problem: Die sichtbare, konkret erfahrbare Kirche ist fehlerhaft und höchst unzureichend.

Oft kommt sie harmlos, fantasielos und geistlos daher. Woher bezieht Kirche Kraft und Lebendigkeit? Wann und wie wird Gottes Reich Wirklichkeit? Um diese Fragen geht es im letzten Abschnitt des Buches.

Wie blind sind wir eigentlich?
Johannes 9, 35 - 41

Unserem heutigen Predigttext geht folgende Begebenheit voraus: Jesus hatte damals einen Menschen, der von Geburt an blind war, geheilt. Als die Pharisäer davon erfuhren, verhörten sie den Geheilten, und da er nicht leugnen wollte, dass Jesus in Gottes Auftrag handelte, verstießen sie ihn aus der Gemeinschaft.

35 Es kam vor Jesus, dass sie ihn ausgestoßen hatten. Und als er ihn fand,
fragte er: Glaubst du an den Menschensohn? 36 Er antwortete und
sprach: Herr, wer ist's?, dass ich an ihn glaube. 37 Jesus sprach zu ihm:
Du hast ihn gesehen, und der mit dir redet, der ist's. 38 Er aber sprach:
Herr, ich glaube, und betete ihn an. 39 Und Jesus sprach: Ich bin zum Ge-
richt in diese Welt gekommen, damit, die nicht sehen, sehend werden, und
die sehen, blind werden. 40 Das hörten einige der Pharisäer, die bei ihm
waren, und fragten ihn: Sind wir denn auch blind? 41 Jesus sprach zu ih-
nen: Wärt ihr blind, so hättet ihr keine Sünde; weil ihr aber sagt: Wir sind
sehend, bleibt eure Sünde. (Johannes 9, 35 - 41)

„Liebe macht blind", sagt man. Doch das ist ein Irrtum! Eingebildete, irregeleitete, oberflächliche Liebe - ja. Aber wahre Liebe nicht. Gottes Liebe macht sehend. Das wird dem deutlich, dem Jesus begegnet.

Der Blindgeborene erlebt es zweimal: einmal als er die Welt um sich herum erstmals mit seinen Augen wahrnehmen kann, dann als er bei seiner zweiten Begegnung mit Jesus diesen als den Menschensohn erkennt. Da gehen ihm im weitesten Sinne die Augen auf und er erkennt die Wahrheit über sich und über Jesus. Er erkennt, dass ihm in Jesus Gott selbst begegnet. Er kann sich ihm ganz und gar anvertrauen und findet zum Glauben. - Durch Gottes Liebe wird er sehend.

Die Pharisäer sind empört! Jesus kann unmöglich von Gott sein, geschweige denn der zum Gericht erscheinende Messias! „Wir sind doch nicht blind! Wir wissen, wo es lang geht, sehen, was los ist; und wir sehen und kennen Gottes Wahrheit.“

Doch sie sind blind, so blind, dass sie ihre eigene Blindheit nicht mehr wahrnehmen. So wie ein Geisteskranker nur die anderen als Geisteskranke ansieht. Sie sind zu sehr überzeugt von ihrer eigenen Wahrheit, als dass sie für die Wahrheit Jesu Augen hätten.

Und wie ist das mit uns? Sind wir blind oder sehend? Das Beispiel der Pharisäer sollte uns vorsichtig sein lassen. Sie waren sich ihrer Sache so sicher. Ihr religiöses System war durchdacht und allgemein anerkannt. Ihre Glaubenssätze und Frömmigkeitsregeln hatten Tradition: Wer blind geboren wird, muss schon in Sünde geboren und von Gott gestraft sein. Krankheit ist eine Folge von Schuld. Wer am Sabbat heilt und damit das Sabbatgebot übertritt, der kann nicht von Gott kommen! Wer Gutes tut, wird entlohnt; wer schuldig ist, wird bestraft. Ein Sünder, ein Versager, ein Außenseiter kann nicht auf Gnade rechnen. - Sie sind sich ihrer Sache so sicher, dass sie nicht bereit und in der Lage sind, ihren Glauben von Jesus in Frage stellen zu lassen.

Aber sind *wir* denn dazu bereit? Wir haben in der protestantischen Kirche gute Theologen, die mit intellektuellem Scharfsinn die Probleme des Glaubens untersuchen und in Formeln bringen. Die Antworten wissen auf alle Fragen, auch auf nicht gestellte. Wir haben einen mehr oder weniger gut funktionierenden kirchlichen Apparat. Wir leben mit einer ehrwürdigen Tradition. Ja, unsere Kirche genießt trotz Missbrauchsskandal und sinkender Mitgliederzahlen erstaunlicherweise noch ein hohes Ansehen in sozialen und ethischen Fragen.

Aber ich bin sicher, ginge Jesus heute durch unsere Straßen, in unsere Kirchen, unsere Häuser - wir würden ihn nicht erkennen, weil auch wir blinder sind, als wir meinen. Wir würden ihn wohl eher als Störenfried, als

Phantasten, als Sektierer, als Kirchenfeind, als Sozialromantiker und Gutmenschen, als Volksverführer, Guru oder Geisteskranken ansehen.

Tun wir nicht im Grunde das Gleiche wie die Pharisäer? Wir pflegen unseren Frömmigkeitsstil und dulden keinen Stilbruch durch Andere, denn andere Frömmigkeitsstile sind uns suspekt. Es sollte mal jemand wagen, im Gottesdienst die Predigt mit „Amen“ und „Halleluja“ zu unterbrechen, oder mit nach oben gestreckten Armen zu beten! Entrüstung und Empörung würde er auslösen.

Oder ein Pfarrer sollte sich mal trauen, die Kirche sonntags zu verschließen und statt dessen auf dem Marktplatz zu predigen. Oder sie am Werktag zu öffnen, dass soge-nannte Penner und Obdachlose sich aufwärmen können. Das Amtsent-hebungsverfahren wäre so gut wie eingeleitet.

Es hat einmal ein Prediger ähnlich gehandelt, hat nicht nur den Gläubigen gepredigt, sondern hat sich hauptsächlich mit Kriminellen und Asozialen abgegeben. Er wurde damals gekreuzigt!

Tun wir nicht das Gleiche wie die Pharisäer? Wir wachen über die reine Lehre und merken nicht, dass es für viele Menschen die reinste „Leere“ geworden ist, weil wir uns nicht mehr anstecken lassen von der Liebe Gottes. Weil wir bei aller Bibelkenntnis und theologischem Fachwissen nicht mehr begeistert sind von dem Mann, der das Evangelium von der befreienden Liebe Gottes predigte und der denen, die er sehend machte, kein Katechismuswissen abverlangte.

Tun wir nicht das Gleiche wie die Pharisäer? Wir mühen uns aufrichtig, wir sorgen uns für und um unsere Kirche, beklagen die Gottlosigkeit der Gottlosen und den Verfall der Kirche, den Traditionsabbruch und zunehmende Kirchenferne der meisten Gemeindemitglieder - und werden so mehr und mehr zur geschlossenen Gesellschaft. Diese dann in Betrieb zu halten, das Bestehende so weit möglich zu erhalten, das ist dann oft alles, was wir mit äußerster Kraftanstrengung schaffen. - Wir sind blind - zumindest betriebsblind!

Nein, ich habe kein Rezept, wie wir es besser machen könnten. Ich weiß nur: Es fehlt uns an Begeisterung, an der grundsätzlichen Bereitschaft, unseren Glauben und die Art, wie wir ihn konkret leben, von ihm in Frage stellen zu lassen. Und wir müssen uns mehr Zeit dafür nehmen, darüber nachzudenken, ob und wie Jesus uns heute begegnet, wie wir es fördern können, dafür offen zu sein, oder wie wir das möglicherweise behindern.

Wir meinen oft zu sehen. Und wir tun es wohl auch manchmal, wenn Jesu Botschaft uns anrührt. Aber allzu oft sind wir auch mit Blindheit geschlagen. Oder wir leben doch im Zwielicht, im Zwielicht unserer lebendigen Glaubenserfahrungen einerseits und den starren Formen, in denen wir unseren Glauben zu leben versuchen.

Wenn wir nicht blind bleiben oder blind werden wollen, wenn wir uns öffnen wollen für eine lebendige Begegnung mit Jesus, dem Christus, müssen wir spontane, neue Glaubenserfahrungen zulassen, uns auf Neues einlassen und, wenn nötig, Altes loslassen.

So wie es der Blindgeboren tat, als er sein Vertrauen vorbehaltlos auf Jesus setzte.

Dann könnten auch wir möglicherweise Wunder erleben, dann könnten auch wir möglicherweise Heilung finden, oder uns selbst wiederfinden, oder ein neues Selbstwertgefühl entdecken ... , weil wir dann wirklich sehend geworden sind, weil wir dann wirklich erkannt haben, was es heißt, Jesus zu begegnen und in ihm Gottes uneingeschränkte Liebe zu uns zu erfahren.

Und solchen Erfahrungsschatz gilt es zu bewahren und nicht zu verstecken, nicht vor halbherzigen Christenmenschen, die gerne unauffällig bleiben wollen, nicht vor Kritikern, Spöttern oder Feinden des Glaubens.

„Sind wir denn auch blind?“ fragten die Pharisäer Jesus. „Sind wir denn auch blind?“ sollten auch wir uns von Zeit zu Zeit kritisch fragen. Ich denke, wir sind nicht ganz blind, aber auch nicht ganz sehend. Wir sind immer auf dem Weg.

Aber auf diesem Weg sind wir nicht alleine. Wir können uns gegenseitig helfen, statt uns zu behindern. Und *er* tritt uns von Zeit zu Zeit in den Weg. Wir werden es merken, wenn wir nicht zu selbstsicher unsere eigenen Vorstellungen auf den Weg bringen, nicht zu sehr nur mit uns selbst beschäftigt sind.

Je mehr wir unser Vertrauen auf ihn setzen, desto mehr treten wir ins Licht, nicht ins Rampenlicht, sondern in sein Licht. In ihm begegnet uns die Liebe Gottes und die macht nicht blind, sondern sehend! Amen.

Die Glaubwürdigkeit von Kirche steht immer auf dem Spiel.
Apostelgeschichte 6, 1 - 7

Unsere Kirche hat ein Glaubwürdigkeitsproblem! Nicht erst seit heute. Denn Kirche besteht aus Menschen, die „menscheln“. Schon immer und immer wieder hat sich die Kirche ihres Glaubens unwürdig erwiesen; nicht nur im Mittelalter, während der Kreuzzüge, auch heute, wo es ihr nicht gelingt, Menschen das Wichtigste, das es für einen Menschen geben kann, nämlich die Botschaft von der unbedingten Liebe Gottes, nahezubringen.

Gewiss, in einer durch und durch materialistischen und konsumgeprägten Welt, in der jeder zunächst sein eigenes, oft oberflächliches Glück sucht, ist das nicht so einfach. Doch wie kommt es, dass orientierungslose Jugendliche oft mehr durch Sekten und fundamentalistische Fanatiker angesprochen werden als durch kirchliche Angebote?

Vermutlich müsste es uns in der Kirche besser gelingen, das, was wir vertreten, auch zu leben, überzeugt und begeistert. Wir müssten klarer, eindeutiger und eindringlicher hinter unserer Botschaft stehen. Nur wer überzeugt ist, kann überzeugen! Anderen-falls wird er unglaubwürdig.

Woran liegt das Glaubwürdigkeitsproblem unserer heutigen Kirche? Es hat gewiss etwas mit der Institution zu tun, mit ihrem Aufbau, den trägen Verwaltungsstrukturen und Entscheidungsprozessen und gewiss auch mit dem tiefen Graben zwischen Leitungsebene und Gemeindebasis, zwischen kirchlichen Funktionären und sogenannten Laien.

Schon die Urgemeinde in Jerusalem hatte Probleme. An ihrem Umgang damit können wir möglicherweise etwas lernen:

1 In dieser Zeit wuchs die Gemeinde stetig. Eines Tages beschwerten sich die Zugezogenen. Sie warfen den Einheimischen vor, ihre Witwen bei der täglichen Speisung zu übergehen. 2 Daraufhin beriefen die Zwölf (Apostel) eine Versammlung aller Jünger (Christen) ein und sagten: „So geht das nicht! Wir können doch nicht die Verkündigung vernachlässigen, um selbst an den Tischen das Essen auszuteilen. 3 Brüder, wählt aus eurer Mitte sieben Männer aus. Sie sollen einen guten Ruf haben und vom Geist Gottes und von Weisheit erfüllt sein. Ihnen werden diese Aufgaben übertragen. 4 Wir dagegen werden uns ganz dem Gebet und der Verkündigung widmen.“ 5 Der Vorschlag fand die Zustimmung der Versammlung. Sie wählten Stephanus, einen Mann mit festem Glauben und erfüllt vom Heiligen Geist. Außerdem Philippus, Prochorus, Nikanor, Timon, Parmenas und Nikolaus aus Antiochia, der früher zum jüdischen Glauben übergetreten war. 6 Diese sieben ließ man vor die Apostel treten. Die beteten für sie und legten ihnen die Hand auf. 7 Das Wort Gottes breitete sich aus, und die Gemeinde in Jerusalem wuchs immer weiter. (Apostelgeschichte 6, 1 - 7; Übersetzung der „Basisbibel)

Das erste handfeste Organisationsproblem unter Christen. Lukas schildert, wie die Apostel es erkannt und gelöst haben. Auch wenn Lukas seinen Bericht rückwirkend geschönt haben sollte, und auch wenn unsere kirchliche Situation kaum mit der der Urgemeinde zu vergleichen ist (Ihr liefen die Menschen zu, uns laufen sie davon!), lassen Sie uns genau sehen auf das, was damals getan wurde, und danach fragen, was wir daraus lernen können.

Die Zahl der Anhänger Jesu nahm zu. Das lag an der Begeisterung und der Begeisterungsfähigkeit der Apostel. Und da passierte, was zwangsläufig passieren musste: die ganze Sache wurde unübersichtlich. Da gab es viele Menschen, viele Meinungen, Bedürfnisse, Probleme und: Konkurrenz um Ansehen, Anerkennung, Positionen, Macht.

Da können sich die einen entfalten, finden Gehör, Bewunderung, Anhänger; und andere werden abgehängt, übergangen, ganz einfach übersehen. Das muss kein böser Wille sein; oft wird das ja nicht einmal bemerkt. Doch das gehört mit zum Schlimmsten, was unter Christen geschehen kann: wenn Menschen übersehen werden. Das bedeutet doch für die, die übersehen werden: Du bist so unwichtig, dass wir dich nicht einmal zur Kenntnis nehmen.

Den Zugezogenen, den griechisch sprechenden Witwen erging das so. Da ihre Männer gestorben waren, waren sie auf materielle Unterstützung angewiesen. Das war selbstverständliche Aufgabe der Gemeinde. Die Apostel, die die Gemeinde leiteten, hielten die regelmäßigen Gottesdienste, aber sie sorgten auch dafür, dass die sozialen und diakonischen Aufgaben erledigt wurden. Dass sie dabei nicht immer alle im Blick haben konnten, kann man verstehen. Doch warum wurden gerade die Zugezogenen übersehen? Vermutlich ist ethnischer Egoismus selbst unter ernsthaften Christen etwas Natürliches.- Leider!
Erst als die Beschwerden laut wurden, erkannten die Zwölf den Missstand: „Daraufhin beriefen die Zwölf eine Versammlung aller Jünger ein und sagten: So geht das nicht! Wir können doch nicht die Verkündigung vernachlässigen, um selbst an den Tischen das Essen auszuteilen ...“. Ob das wohl eine Form von Einsicht oder gar ein Schuldeingeständnis war? Es soll bis heute den Dienern am Wort Gottes ja nicht immer leicht fallen, Fehler einzugestehen!

Jedenfalls ziehen sie (übrigens recht demokratisch, indem sie eine Versammlung Aller einberufen und dort ihre Lösung zur Abstimmung vorlegen) notwendige Konsequenzen: Für die notwendigen sozialen Dienste werden Diakone gewählt, damit die Apostel als Theologen sich ganz auf die Verkündigung konzentrieren können. Damit das Wort Gottes nicht vernachlässigt wird, und die Armen ausreichend versorgt werden.

Diese Neuausrichtung war gewiss hilfreich und gut begründet, aber sie beinhaltete bis auf den heutigen Tag ihre zwangsläufige Problematik: das Spannungsverhältnis von Seelsorge und Diakonie und mehr noch zwischen Seelsorgern und Beschäftigten der Diakonie: Wessen Arbeit ist wichtiger, segensreicher? Welches Amt ist bedeutender?

Wenn man unseren Text genau ansieht, entdeckt man, dass schon formal eine hierarchische Ordnung begründet wird: zwölf Aposteln stehen sieben Diakone gegenüber. Bis auf den heutigen Tag haben auch in der evangelischen Kirche die Theologen das Sagen, und zwar auf allen Gebieten kirchlichen Handelns.

Das ist grundsätzlich hinterfragbar und problematisch. Wenn dann aber noch dazu kommt, dass heute in der Regel, die von den Aposteln erwartete Voraussetzung so gut wie weggefallen ist, dass nämlich die Diakone, bzw. Mitarbeiter der Diakonie „vom Geist Gottes und von Weisheit erfüllt" sein sollen, dann wird das Miteinander oftmals zu einem Gegeneinander. Mitarbeiter der Diakonie sollen heute in erster Linie Fachkompetenz besitzen. Kirchenzugehörigkeit wird lediglich formal eingefordert. Manche Mitarbeitende treten erst vor Antritt ihrer Beschäftigung in die Kirche ein. Weil sie selbst keinen Bezug zur evangelischen Verkündigung, zur biblischen Botschaft haben, schätzen sie oft Theologen nicht sonderlich, besonders wenn diese, selbst bar jeder diakonischen Professionalität, ihnen als Leitung vorgesetzt sind.

Für viele Menschen in der Kirche ist es heute zweitrangig, mitunter sogar gleichgültig, wie weit diakonische Mitarbeiter durch eine christliche Überzeugung, durch Glauben geprägt sind.

Doch man merkt es einer Kirche bald an, wenn ein Großteil ihrer Mitarbeiter nicht überzeugte Christen sind, die ihren Glauben auch glaubwürdig leben! Eine solche Kirche vermittelt den Eindruck, dass ihr der Glaube ihrer Mitarbeiter und damit überhaupt der Glaube und die Verkündigung gleichgültig sind. Und damit gibt sie ihren Anspruch, Kirche für die Menschen zu sein, auf!

In einer solchen Kirche werden dann sehr schnell viele Menschen „übersehen". Da werden Kranke der professionell arbeitenden Diakonie übergeben und (ohne Absicht) aus der Gemeinde ausgegliedert. Seelsorge findet dann oftmals nicht mehr statt.

Wenn nicht-theologische Mitarbeiter und Mitarbeiterinnen nur noch nach Professionalität beurteilt werden, und wenn Theologen sich nur noch um die Verkündigung kümmern und alles Diakonische delegieren, dann ist die Gefahr gewaltig, dass ganze Menschengruppen übersehen werden. Ein Pfarrer muss die Kranken, Benachteiligten, Ausgegrenzten in seiner Gemeinde kennen, ein diakonischer Mitarbeiter müsste auch am Krankenbett mit dem Kranken ein Gebet sprechen können.

Es ist nicht nur Aufgabe von Hauptamtlichen und Leitungsgremien danach zu fragen, wie Kirche wieder an Glaubwürdigkeit gewinnen kann, wie Glaube innerhalb welcher Strukturen glaubwürdig gelebt werden kann, wie verhindert werden kann, dass Menschen übersehen werden. Es ist die Aufgabe aller, denen das Evangelium am Herzen liegt. Wir alle müssen genau hinsehen: Wer wird übersehen? Kranke, Sterbende, Arme, Arbeitslose, Arbeiter, Alleinerziehende, orientierungslose Jugendliche, Menschen außerhalb der „Kerngemeinde“?

Wer das Evangelium ernst nimmt und wem daran gelegen ist, dass es gehört, weitergesagt und gelebt wird, dem muss es unerträglich sein, wenn Menschen übersehen werden! Machen wir uns auf die Suche – um Gottes und der Menschen willen! Amen.

Wann kommt endlich das Reich Gottes?
Markus 4, 26 - 29

„Jesus predigte das Reich Gottes, und es kam die Kirche“, mit all ihren Problemen, in ihren verschiedenen Gestaltungsformen; eine Kirche, in der das Reich Gottes leider nur selten eine Chance bekommt.

Zu einer mächtigen Amtskirche hat sie sich bald entwickelt, zu einer Kirche, die in der Kumpanei mit den Mächtigen die Ohnmächtigen verrät. Oder zu einer Kirche, die in gleichgültiger Arroganz die Menschen allein lässt und sich darauf beschränkt, die Kirchensteuer einzuziehen und die Sakramente zu verwalten. Oder zu einer Kirche, die in selbst zerstörerischer Hektik und panischer Überreaktion auf Kirchenaustritte und knapper werdende Finanzmittel ihre geistigen und geistlichen Kräfte ausschließlich in Strukturplanung oder medienwirksamen Aktionismus aufreibt.

Welch ein Unterschied zwischen diesen Erscheinungsformen von Kirche und dem Gleichnis, mit dem Jesus einen Wesenszug des Reiches Gottes beschreibt:

26 Und er sprach: Mit dem Reich Gottes ist es so, wie wenn ein Mensch
Samen aufs Land wirft 27 und schläft und aufsteht, Nacht und Tag; und
der Same geht auf und wächst – er weiß nicht, wie. 28 Denn von selbst
bringt die Erde Frucht, zuerst den Halm, danach die Ähre, danach den
vollen Weizen in der Ähre. 29 Wenn sie aber die Frucht gebracht hat, so
*schickt er alsbald die Sichel hin; denn die Ernte ist da. (*Markus 4, 26 – 29)

Hier geht es nicht um Faulheit oder Gleichgültigkeit, auch nicht um Romantik und Beschaulichkeit des Landlebens. Hier geht es darum, dass Jesus mit diesem Vergleich deutlich macht: Gottes Reich will und wird unter uns wachsen, ohne dass Menschen das „machen“ können, unbemerkt manchmal, aber ganz gewiss!

Wenn uns etwas am Werden des Reiches Gottes liegt, in unserer Kirche, in unserer Gesellschaft in uns selbst, dann können wir aus diesem Gleichnis lernen:

1. Geduld: Wer sät, kann nicht gleich schon ernten oder am liebsten noch die Früchte vor der Arbeit ernten. Die Dinge brauchen Zeit, sich zu entwickeln. Wir brauchen Zeit. Es hat keinen Sinn, am Halm zu ziehen, damit er schneller wächst. Durch Drängen und Ungeduld wird mehr zerstört als vorangetrieben.

2. Wie aber sollte man oft Geduld aufbringen, wenn nicht Vertrauen dazu käme?! Der Bauer vertraut darauf, dass nun das Wunder des Wachsens geschieht. Das setzt aber voraus, dass er sich gleichzeitig seine eigenen Grenze, sein Nichtwissen und Nichtkönnen eingesteht. Säen und ernten, ja, aber wachsen lassen, das übersteigt seine Fähigkeiten. Er kann nur noch mit dem Wunder rechnen, dass es von selbst wächst. Oder durch den Lebenswillen Gottes, der in allem Lebendigen vorhanden ist. Die Realität des Lebens ist ein Zeichen des Lebenswillens Gottes. Und so kann man aus den Anfängen schon das Ziel ableiten.

Das Reich Gottes wächst. Die Anfänge sind gemacht. Die Früchte werden reifen. Auch wenn wir das Wachsen nicht erklären oder erkennen können, Gott kommt mit seinem Anliegen unter uns Menschen zum Ziel! Das liegt in seiner und nicht in unserer Hand. Gott sei Dank! Und das entlastet von allen krampfhaften Versuchen, sein Reich herbei zu zwingen, von aller Angst, es falsch zu machen.

Der Bauer hat das Seine getan, das, was er kann, erledigt. Das entlastet ihn und die Tatsache, dass er sich auf den im Verborgenen sich abspielenden Prozess des Wachsens verlassen kann. Das befreit ihn von der ständigen Sorge um das Reifen.

Ähnlich wie ein Arzt, der nach anstrengender Operation die Instrumente aus der Hand legt und sagt: „Mehr können wir nicht tun. Wir haben unser Bestes gegeben." Er hofft auf die Selbstheilungskräfte des Körpers, den Lebenswillen des Patienten, vielleicht auch auf die Hilfe Gottes.

Der Mensch, der auf die Verwirklichung des Reiches Gottes hofft, darf wie der Bauer in unserem Gleichnis wissen: Es wächst bestimmt! Zur Einsicht, dass alle unsere Sorgen umsonst sind, dass es nicht in unseren Händen liegt, kommt die Zuversicht, dass es in Gottes Händen liegt. Das führt zu einer Gelassenheit, die nicht nur Sorgen loslassen kann, sondern auch weiß, wem sie sie überlässt.

Gewiss, wir haben Grund, immer wieder zu fragen, ob solche Gelassenheit und ob solches Vertrauen wirklich begründet ist. Denn erleben wir nicht genau das Gegenteil? Um es im Bild des Gleichnisses zu sagen: Die Wurzeln sterben ab, die Körner faulen auf den Halmen, die Halme werden platt getreten ...Die Menschen werden immer oberflächlicher, materialistischer, egoistischer. Für den christlichen Glauben interessieren sich immer weniger Menschen. Man bedient sich bestenfalls im weltweiten religiösen Gemischtwarenladen. Aber Reich Gottes ist das nicht!

Wo ist denn etwas vom Reich Gottes zu spüren? Wenn es erst am Ende der Welt eintritt, dann dürfte unsere Geduld nicht reichen! Vielleicht sollten wir einmal in größeren geschichtlichen und geographischen Zusammenhängen denken. Es gab Zeiten, in denen das Reich Gottes durchaus klarer erkennbar war, etwa unmittelbar nach Jesu öffentlichem Wirken; oder heute in China, wo die Zahl christlicher Gemeinden trotz Unterdrückung durch den Staat sehr schnell anwächst; oder in Ländern, in denen Christen verfolgt und mit dem Tod bedroht werden und trotzdem ihrem Glauben treu bleiben.

Trotzdem haben wir aufgrund unserer gegenwärtigen kirchlichen Situation Grund zur Skepsis. Mit genauso viel Grund zur Skepsis haben die Jünger und andere Zeitgenossen Jesu gefragt: Wo ist es denn zu sehen? Und Jesus antwortet mit dem Gleichnis. Der Bauer ist der Fachmann in Sachen Saat und Ernte. Er weiß, dass gegen allen Augenschein das Wachsen geschieht. Der „Fachmann“ in Sachen Reich Gottes, der glaubende Mensch, kann das genauso gut wissen: Auch gegen allen Augenschein und trotz aller Skepsis wächst das Reich Gottes, weil Gott es will!

Begründet wäre unser Vertrauen schon. Aber es ist oft so schwach, unterentwickelt und verkümmert. So verlieren wir unsere Geduld und unsere Gelassenheit, eben auch in Sachen Reich Gottes.

Was treibt uns denn in die Hektik, was macht uns unzufrieden, matt, ausgebrannt, enttäuscht, verzweifelt? Ist es nicht zum großen Teil Erwartungsdruck, den wir selbst erzeugen oder dem wir uns unterziehen („Die Kirche muss doch …“, „Sie sind doch Pfarrer …“, „Als ehrenamtlicher Mitarbeiter sollten Sie …“, „Als Christ müssten Sie aber …“)? Wenn ich mich dermaßen den Erwartungen und Ansprüchen aussetze (die übrigens zunehmen je weiter die Menschen von der Kirche entfernt sind), dass ich mich nur noch durch sie bestimmen lasse, muss ich mit ihnen untergehen.

Warum lassen wir uns so von den Erwartungen anderer bestimmen? Es hat wohl etwas mit unserem Selbstbewusstsein, mit der Festigkeit unserer Überzeugung zu tun! Wir meinen uns selbst rechtfertigen zu müssen, ebenso unsere Kirche oder gar ihren Herrn. Wenn schon nicht unseren Erfolgen, so soll man doch wenigstens unserem Einsatz abspüren können, dass es sich um eine gute Sache handelt.

Ob es daran liegt, dass wir unserer Sache nicht so ganz sicher sind? Dass wir nicht das nötige Vertrauen haben, die Verantwortung Gott zu überlassen? Ohne sichtbare Erfolge zweifeln wir an seiner Verheißung! Das gilt in Bezug auf das Reich Gottes und auch in Bezug auf unser persönliches Leben. In beiden will Gott sein Reich wachsen lassen.

Vielleicht übersehen wir auch die Früchte und vergessen die Sichel. Da haben wir gesät und rechnen gar nicht mehr damit, dass die Saat aufgeht.

Oder wollen wir nur die Ernte einfahren, ohne wirklich gesät zu haben? Das soll nicht heißen, dass wir nun doch wieder mehr Einsatz leisten müssten, sondern dass wir an den entscheidenden Stellen das Unsere tun sollen: beim Säen und beim Ernten und uns fragen: Wo ist Säen und Ernten jeweils angebracht und notwendig?

In vielen Gemeindeveranstaltungen wird heute gefragt: Wie sollen wir auf die Besorgnis erregende Situation der Kirche in der heutigen Gesellschaft reagieren? Da kann es eigentlich nur eine Antwort geben: gelassen! – Und dann aus zuversichtlicher Gelassenheit Formen und Schritte der Gemeindearbeit entwickeln (oder festhalten) und uns gegenseitig Mut machen zum gelassenen Warten. Gott lässt sein Reich wirklich werden, ganz gewiss! Nicht durch uns, aber mit uns! Amen.

Was ist uns das Reich Gottes wert?
Matthäus 13, 44 - 46

„Ich habe nichts gegen die Kirche. Ich bin aus rein finanziellen Gründen ausgetreten.“ Ein Satz, den ich in den letzten Jahren oft gehört habe. Ich habe mir angewöhnt, darauf zu erwidern: „Man könnte auch sagen: Sie haben für die Kirche nichts übrig.“ Immerhin erzeugt das manchmal eine gewisse Nachdenklichkeit.

Was ist mir die Kirche wert? Was bedeutet sie mir und was bin ich bereit, dafür zu geben oder zu tun? Fragen, die sich nicht nur Menschen stellen sollten, die mit dem Gedanken spielen, aus der Kirche auszutreten.

Noch wichtiger allerdings ist die Frage: Was bedeutet mir die Sache, die die Kirche vertritt oder doch wenigstens vertreten sollte? Der Glaube an Gott, das Evangelium, das Reich Gottes? Welche Rolle spielt das in meinem Leben? Was bin ich bereit dafür zu geben, zu tun oder zu lassen? Unser heutiger Predigttext kann uns Denkanstöße dazu geben:

44 Das Himmelreich gleicht einem Schatz, verborgen im Acker, den ein Mensch fand und verbarg; und in seiner Freude ging er hin und verkaufte alles, was er hatte, und kaufte den Acker. 45 Wiederum gleicht das Himmelreich einem Kaufmann, der gute Perlen suchte, 46 und als er eine kostbare Perle fand, ging er hin und verkaufte alles, was er hatte, und kaufte sie. (Matthäus 13, 44 – 46)

Jesu Gleichnisse richtig zu verstehen war schon damals ein Problem. Nicht umsonst wird von den Jüngern mehrmals gesagt: „und sie verstanden ihn nicht.“ Dabei nahm Jesus immer Beispiele aus dem Erfahrungsbereich seiner Zuhörer. Die Beispiele waren zu verstehen, nicht aber immer das, was Jesus damit sagen wollte. Nehmen wir das Gleichnis vom Schatz im Acker:

Der Mann, der auf fremdem Acker zufällig einen wertvollen Schatz findet, ist ja ein ausgemachtes Schlitzohr! Er sorgt zunächst dafür, dass niemand anders den Schatz finden kann. Dann kauft er dem nichts ahnenden Besitzer den Acker ab und ist dadurch Besitzer des Schatzes. Das erinnert an oft in Filmen dargestellte Reflexaktionen: Geldschein sehen, Fuß drauf, abwarten, einsammeln! Das ist nahe am Rande der Legalität.

Wollte Jesus eine solche Mentalität empfehlen, wenn es um das Reich Gottes geht? Das kann wohl nicht sein! Vielmehr wollte er mit seinem Gleichnis sagen: Wenn es um irdische Reichtümer geht, dann seid ihr ideenreich, fantasievoll, reaktionsschnell. Wie einfallsreich seid ihr, wenn es um das Reich Gottes geht?

Allerdings wird ja noch mehr über die Handlungsweise des Mannes gesagt: Er „verkaufte alles, was er hatte und kaufte den Acker“. Auf all das, was ihm bisher wichtig gewesen war, musste er verzichten, um an den Schatz zu kommen. Er investiert in eine ganz wichtige Sache und muss sich deshalb von anderen trennen, muss verzichten. Genau wie der Kaufmann auf alles, was er hatte, verzichtete, um die kostbare Perle kaufen zu können.

Richtig verstanden, stellt Jesu Gleichnis an uns die Fragen: Was ist euch das Reich Gottes wert? Ist es euch mehr wert als alles andere? Worauf seid ihr bereit um des Reiches Gottes willen zu verzichten? Es sind dieselben Fragen, mit denen der „Reiche Jüngling“ konfrontiert wurde. Er war zum Verzicht nicht bereit.

Es geht hier nicht um die Frage, was ich tun oder lassen muss, um einmal in den Himmel zu kommen. Nicht um die Frage, die den jungen Luther umtrieb: Wie bekomme ich einen gnädigen Gott?

Die Frage ist längst beantwortet und zwar durch Jesus selbst: Ich muss *nichts* dafür tun, denn Gott *ist* bereits gnädig. Und was zu tun war, hat Jesus getan!

Doch die anderen Fragen bleiben und sind aktueller denn je: Wie muss ich leben, um dem Reich Gottes gemäß zu leben? Bin ich bereit, wenn es darum geht, dass das Reich Gottes wahr wird, dass es umgesetzt, gelebt wird, auf vieles zu verzichten, was mir wertvoll geworden ist? Welche Prioritäten setze ich? Welche Stelle nimmt die Sache Gottes in meiner Wertskala ein? Wie lebe ich so, dass Gottes Reich am ehesten wahr werden kann?

Man könnte Jesu Gleichnis auf heute etwa so übertragen: Das Reich Gottes ist

- wie ein Mensch, der viele Hobbys hatte und beruflich voll ausgelastet und sehr erfolgreich war und eines Tages erkannte, dass ihm seine Kinder und seine Frau fremd geworden waren, und der den Entschluss fasste, auf die nächste mögliche Beförderung zu verzichten, und seine Freizeit nur noch mit seiner Familie zu verbringen.

- Wie ein Ehepaar, das erfuhr, dass die alte Dame im Nachbarhaus schwer erkrankt war und seitdem kaum noch besucht wurde und zu vereinsamen drohte, das deshalb auf sämtliche Theaterbesuche und sogenannte gesellschaftliche Verpflichtungen verzichtete und statt dessen die Nachbarin öfter besuchte.

- Wie ein Mensch, der alles hatte, aber spürte, dass er „Schaden genommen hatte an seiner Seele“ und sich deshalb Zeit nahm für geistliche Fragen, zum Meditieren, zum Gebet, für Gottesdienste und Gesprächskreise, der ernsthaft anfing danach zu fragen: Was trägt mich? Worauf kann ich hoffen? Was tröstet? Was macht Sinn?

- Eine Gemeinde, die nicht danach fragt: Was kostet das? Sondern: Was entspricht dem Reich Gottes? Was ist menschlich? Wie ist das zu verwirklichen?

„Schafft euch aber Schätze im Himmel!“ rät Jesus. Und das heißt: Baut am Reich Gottes! Doch was ist das Reich Gottes? Das Reich Gottes ist da, wo Menschen aus Gottes Liebe leben, mit ihrem Leben Antwort geben auf Gottes Liebe und dieser Grundlage alles andere unterordnen.

Konkret mag das für jeden Menschen anders aussehen. Es könnte hilfreich sein, sich selbst einmal zu testen, ehrlich den Tag rückblickend zu betrachten und zu fragen: Was hatte welchen Anteil an der Zeit meines Tages? Wo war Gott im Spiel? Wo ging es mir ausschließlich um mich, meine Vorteile, mein Ansehen, meine Annehmlichkeiten, meinen Spaß, mein Glück? Wo hatte ich auch meine Mitmenschen im Blick? Wo hat mich ihre Not berührt? Wo habe ich Gott gedankt für das, was mir gelungen ist oder geschenkt wurde?

Es geht ja nicht darum, dass wir kein eigenes Glück mehr anstreben sollten. Es geht darum, dass wir auch das, was uns glücklich macht, in Zusammenhang mit Gott bringen, dass ich sozusagen diese weltliche Angelegenheit, mein Glück, durch ein einfaches Danke auch zur Sache Gottes mache. Und es geht auch darum, dass ich mein Glück auch in Verbindung bringe mit dem Unglück und Leid anderer Menschen – und zwar im Horizont Gottes: Da sind andere Geschöpfe Gottes, denen solches Glück vorenthalten wird. Was bedeutet das für mich?

Wir dürfen nicht ihr Unglück missbrauchen als Folie, auf der unser Glück umso heller strahlt. Doch wir sollen Anteil nehmend an die denken, die leiden und unglücklich sind, sie einschließen in unser Gebet, nachdenken über Möglichkeiten, wie ihnen (auch durch uns!) geholfen werden kann.

Die Fragen bleiben aktuell:

- Was ist uns das Reich Gottes wert?
- Was sind wir bereit zu investieren bzw. dafür aufzugeben?
- Wie leben wir dem Reich Gottes gemäß?

Die konkreten Antworten muss jede/r für sich selbst finden. Doch dabei sind wir nicht allein. Das Gespräch darüber kann äußerst hilfreich sein. Oder wäre Ihnen das zu intim? Amen.

Wie Kirche ankommt
Apostelgeschichte 16, 9 - 15

9 Und Paulus sah eine Erscheinung bei Nacht: ein Mann aus Mazedonien stand da und bat ihn: Komm herüber nach Mazedonien und hilf uns! 10
Als er aber die Erscheinung gesehen hatte, da suchten wir sogleich nach Mazedonien zu reisen, gewiss, dass uns Gott dahin berufen hatte, ihnen das Evangelium zu predigen. 11 Da fuhren wir von Troas ab und kamen geradewegs nach Samothrake, am nächsten Tag nach Neapolis 12 und von da nach Philippi, das ist eine Stadt des ersten Bezirks von Mazedonien, eine römische Kolonie. Wir blieben aber einige Tage in dieser Stadt. 13
Am Sabbattag gingen wir hinaus vor die Stadt an den Fluss, wo wir dachten, dass man zu beten pflegte, und wir setzten uns und redeten mit den Frauen, die dort zusammenkamen. 14 Und eine gottesfürchtige Frau mit Namen Lydia, eine Purpurhändlerin aus der Stadt Thyatria hörte zu; der tat der Herr das Herz auf, so dass sie darauf achthatte, was von Paulus geredet wurde. 15 Als sie aber mit ihrem Hause getauft war, bat sie uns und sprach: Wenn ihr anerkennt, dass ich an den Herrn glaube, so kommt in mein Haus und bleibt da. Und sie nötigte uns. (Apostelgeschichte 16, 9 - 15)

Ein Traum löst eine folgenreiche Aktion aus: Ein Hilfe suchender Mann aus dem europäischen Mazedonien erscheint dem Paulus im Traum. Paulus berichtet das seinem Begleiter Silas; sie setzen sich in Bewegung, finden bei ihrer Suche nach dem hilflosen Mann eine hilfsbereite Frau, die sich taufen lässt, als erste Christin Europas. Ein Traum hat den Beginn des sogenannten christlichen Abendlandes bewirkt; ein Traum von einem Hilfe suchenden Mann.

Den Traum von Hilfe suchenden Menschen träume ich oft. Doch sie rufen nicht von weit her. Ich lebe mitten unter ihnen. Wie sehen sie aus? Traum und Wirklichkeit sind oft nicht zu unterscheiden. Ich sehe jedenfalls eine bunt gemischte Schar Hilfe suchender Menschen. Sie tun ihren Mund kaum auf, aber ihr Gesicht, ihre leeren oder verzweifelten Augen, die Angst oder die Langeweile in ihrem Gesicht, oder das zur Maske gefrorene, Unsicherheit kaschierende Erfolgslächeln, die überhebliche Ausdruckslosigkeit, all das ruft nach Hilfe.

So umgeben sie mich und fordern mich heraus: Tippelbrüder, Fixer und Strafgefangene, Arme und Reiche, Asylanten und Rechtsradikale, Fließbandarbeiter und Bankangestellte, Punker und Skinheads, Sonderschüler, Hauptschüler, Gymnasiasten und Lehrer - und manchmal sehe ich mein eigenes Gesicht.

Ich sehe sie achtlos an der Kirche vorübergehen oder vergeblich an das Kirchenportal klopfen. Ich höre sie klagen und manchmal spotten. Und ich sehe, wie sie sich wieder entfernen, um woanders Hilfe zu suchen.

Die stummen Schreie der vom Leben enttäuschten Menschen, der an ihrer Ideologie gescheiterten oder an den angebotenen Ersatzlösungen kaputt gegangenen Menschen, ihre stummen Schreie, ihre Klagen, ihre Vorwürfe, ihre verzweifelten Hilferufe werden nirgends gehört.

Oft auch nicht in der Kirche! Dort wo Kirche sich eingerichtet hat in der Gesellschaft, wo sie sich nur noch um sich selbst dreht, in einer etablierten Kirche wird nicht mehr geträumt. Jedenfalls nicht von Hilfe suchenden Menschen - höchstens von mehr Akzeptanz und Ansehen der Kirche in der Öffentlichkeit!

Doch solches Ansehen ist nur zu erreichen durch Glaubwürdigkeit. Und die könnte, die müsste da beginnen, wo die Stimmen der Hilfe Suchenden wieder gehört werden.

In einer etablierten Kirche ist man voll damit beschäftigt, das Bestehende zu sichern, zu pflegen und zu verwalten. Da ist keine Zeit und kein Geld für Außerordentliches. Da ist keine Bereitschaft, sich die Finger schmutzig zu machen. Die Kirche, die Gebäude und der gute Ruf müssen sauber bleiben!

In einer etablierten Kirche erliegt man der Faszination des Vorhandenen und des Erreichten, da erschöpft sich die Fantasie in der Sicherung des Status quo. Da fehlt es an Mut, sich wirklich einzulassen auf Menschen, die anders sind, die andere Lebensvorstellungen, andere Gewohnheiten, eine andere Moral haben - auch wenn sie deutlich zeigen, dass sie Hilfe brauchen. Man riskiert es nicht, abgelehnt oder gar ausgelacht zu werden.

Die etablierte Kirche ist relativ klar definiert in ihrer Bürgerlichkeit, ihren Frömmigkeitsformen und ihrer Moral. Die meisten Menschen, die Hilfe brauchen, passen da nicht hinein. Und sie lassen sich auch nicht anpassen. Da passen sie lieber und lehnen ab.

Sie lehnen eine Kirche ab, die auf ihre materiellen und seelischen Nöte mit moralischen Appellen reagiert oder sie zu Missionsobjekten macht. Sie lehnen eine etablierte Kirche ab, deren Aktive vornehmlich Christentum verwalten, statt sich selbst von Jesus Christus begeistern zu lassen und in seinem Namen auf Menschen zuzugehen und ihnen glaubwürdig das Evangelium vorzuleben.

So kommt Kirche in den Augen vieler Zeitgenossen an. Haben wir in der Kirche überhaupt noch das moralische Recht, Menschen außerhalb der Kirche Hilfe anzubieten? - Nicht, solange wir nicht in der Lage sind, die Hilferufe zu hören, sie wahrzunehmen und darauf zu reagieren. Morgenandachten und Wort zum Sonntag, Fernsehgottesdienst und Religionsunterricht, Glockenläuten und Denkschriften ... Überall wollen wir gehört werden - wo *wir* es für wichtig halten. Aber wir haben keinen Anspruch gehört zu werden, solange wir nicht die Hilferufe hören.

Eine für das Wort Gottes offene Kirche nimmt Hilferufe wahr, setzt sich in Bewegung, lässt Vertrautes zurück und lässt sich auf das Risiko von Ablehnung und Misserfolg ein.

Und wenn sie es dann tut, kann sie manche Überraschung erleben. Dann sieht es nachher manchmal ganz anders aus, als man vorher meinte. So wie damals bei Paulus und Silas: Als sie sich auf den Weg gemacht hatten, fanden sie keinen hilflosen Mann, sondern eine hilfsbereite Frau vor.

Einer etablierten Kirche täte es gut, die Begleitumstände dieser Paulusreise genauer zu betrachten:
Paulus und Silas lassen sich motivieren, in Bewegung setzen, lassen Gewohntes zurück.

Sie kommen an und legen nicht gleich los. Sie erkunden die Situation. Sie finden keine Synagoge in der Stadt. Schließlich gehen sie vor die Stadt und hoffen hier einige zu finden, die dort beten. Sie haben Glück und finden einige Frauen vor. Sie halten ihnen keine Predigt, sondern setzen sich zu ihnen, reden mit ihnen, hören zu und erzählen dann allerdings auch von sich und ihrem Glauben. Sie erzählen von Jesus, der für sie der Christus ist, erzählen, wie er sie begeistert hat durch seine Predigt von der uneingeschränkten Liebe Gottes, wie er sie berührt hat mit seinem Gottvertrauen, mit seiner Menschenliebe, mit seinem Gehorsam und seiner Konsequenz. Sie erzählen, wie er *durch* Menschen starb, das aber *für* sie tat; der den Tod erlitt, ihn aber besiegte.

Sie erzählen begeistert und eine Frau hört gebannt zu: Lydia, die reiche Purpurhändlerin. „Da tat ihr der Herr das Herz auf“: Da geschah das Wunder, dass eine zum Glauben kam, wirklich und wahrhaftig, mit allen Konsequenzen: Sie lässt sich taufen und lädt Paulus und Silas in ihr Haus ein.

Lydia wird zur Aussteigerin: Was sich ziemt, was die Leute denken und sagen, ist für sie nebensächlich. Der Beruf wird nebensächlich. Ihr neues Bekenntnis wird ihr voraussichtlich beruflich und gesellschaftlich schaden. Aber das spielt keine Rolle mehr. Sie hat ihren Weg gefunden. Und sie leitet später die erste christliche Gemeinde Europas.

Ein gewagter, mutiger Weg führt zu einem guten Ziel. Das konnten Paulus und Silas vorher nicht wissen. Aber sie wussten, dass sie *nichts* erreichen würden, wenn sie nicht aufbrechen und den Hilferuf überhören würden. Aufbrechen, Vertrautes zurücklassen, Hilferufe wahrnehmen und Hilfe anbieten: So kommt Kirche an, so wird sie als segensreich erlebt.

Das sollte eine etablierte Kirche sich zu Herzen nehmen, genau wie jeder einzelne Christenmensch!

Solange wir noch Hilferufe hören und solange wir noch davon überzeugt sind, dass durch und mit dem Evangelium Menschen seelisch und materiell geholfen werden kann, haben wir nicht nur das Recht, davon weiter zu sagen, sondern auch die Pflicht.

Ob es erfolgreich wird, ist eine andere Frage. Das dürfen wir getrost Gott selbst überlassen. Aber nur, wenn wir den Versuch wagen! Amen.

Wovon die Kirche lebt
4. Mose 11, 11.12.14 - 17

Ganz am Anfang, da war er begeistert. Sein Großvater hatte ihn angesteckt. Wenn der sang und über das ganze Gesicht strahlte: „… drum sag ich´s noch einmal: Gott ist die Liebe, Gott ist die Liebe und liebt auch dich!“. Wenn der so sang, dann war ihm das mit dem Glauben sonnenklar. Gott ist für mich da und ich werde für ihn da sein.

Und dann bekam er es mit der Kirche zu tun, der real existierenden Kirche, nicht mit der unsichtbaren, der wahren Kirche. Das „Schlimme“ an der wahren Kirche ist ja, dass sie unsichtbar bleibt! Er bekam es mit der real existierenden Kirche zu tun, erlebte ihre Gesetze und Grenzen, ihre Formen und Formalismen, ihre Hierarchie und auch ihre mehr auf Richtigkeiten als auf das Evangelium und auf Menschlichkeit ausgerichtete Verwaltung.

Erste Zweifel tauchten bei ihm auf: Irgendwie passt da etwas nicht zusammen: dieses Evangelium von Jesus Christus, dieses so einladende, Menschen zugewandte Evangelium von der Gnade Gottes und diese starren Formen und das Handeln innerhalb dieser Kirche. Später las er es einmal von einem klugen Mann, der es etwa so ausgedrückt hatte: „Jesus verkündigte das Reich Gottes und es kam - die Kirche.“

Und der Gedanke verfestigte sich in ihm immer mehr, dass da etwas nicht zu einander passt, so weit, dass er ernsthaft aus der Kirche austreten wollte. Doch die Liebe zur Sache, die die Kirche vertrat, war letztlich stärker als die Wut über die Art und Weise, wie diese ihre Sache vertrat.

Und er beschloss, Pfarrer zu werden. Pfarrer zu werden, um in dieser Kirche etwas erlebbar zu machen von der Begeisterung, die er als Kind erlebt hatte. Wenn es ihm gelänge, die Kirche zu verändern, dann müsste das doch möglich sein – dachte er.

Doch vermutlich veränderte ihn die Kirche mehr als er die Kirche. Und so wurde manches Mal durch schmerzhafte Erfahrung mit einer oft geistlosen Kirche der Traum von einer begeisterten und begeisternden Kirche zu einem Albtraum.

Nicht dass er auch Anderes erlebte! Manches Mal war er überglücklich. So kann Kirche auch sein, stellte er fest. Menschen gehen auf einander zu, akzeptieren sich in ihrer Unterschiedlichkeit, in ihrer Gegensätzlichkeit, achten sich und tragen, ja ertragen sich gegenseitig mit ihren Unzulänglichkeiten; sie verzeihen einander, sie nehmen Anteil und trösten sich gegenseitig; sie beten miteinander und zu Gott und sie vertrauen gemeinsam auf Gott. Und immer dann, wenn er das erlebte, dann sah alles wieder anders aus. Dann wusste er: Gott kann spürbar nahe sein, Gottes Geist ist erfahrbar wirksam.

Doch dann immer wieder die andere Seite. Immer wieder musste er erleben, wie es auch in einer Kirche zugeht, in der Menschen dem Geist Gottes zu wenig Raum lassen: Konkurrenz untereinander, unter Hauptamtlichen und Ehrenamtlichen, Streit mit einander, Eitelkeiten und Egoismus, emotionale Kälte und Formalismus, Gleichgültigkeit und Resignation, und die wohl schmerzhafteste Erfahrung: Er spürte dass er selbst davon nicht frei war! Wohl nicht nur Begeisterung steckt an.

Er hatte in dieser Kirche besondere Verantwortung übernommen durch seine Ordination. Und manches Mal wäre er beinahe unter dieser Verantwortung zerbrochen, hätte er nicht Menschen an seiner Seite gehabt, die ihn gehalten haben, und hätte ihm nicht Gott immer wieder Kraft gegeben weiterzumachen. Gut, dass er heute am Tag seiner Verabschiedung ein Gut Teil seiner Verantwortung abgeben kann.

Viele Menschen leiden unter der Last ihrer je eigenen Verantwortung oder Lebenssituation, oft bis an die Grenzen des Ertragbaren. Von einem Menschen, bei dem das auch so war, erzählt der für heute vorgeschlagene Predigttext aus dem 4. Buch Mose, Kapitel 11, 11. 12. 14 – 17:

11 Und Mose sprach zu dem HERRN: Warum bekümmerst du deinen
Knecht? Und warum finde ich keine Gnade vor deinen Augen, dass du die
Last dieses ganzen Volks auf mich legst? 12 Hab ich denn all das Volk
empfangen oder geboren, dass du zu mir sagen könntest: Trag es in deinen
Armen, wie eine Amme ein Kind trägt, in das Land, das du ihren Vätern
zugeschworen hast? 14 Ich vermag all das Volk nicht allein zu tragen,
denn es ist mir zu schwer. 15 Willst du aber doch so mit mir tun, so töte
mich lieber, wenn anders ich Gnade vor deinen Augen gefunden habe, da-
mit ich nicht mein Unglück sehen muss. 16 Und der HERR sprach zu
Mose: Sammle mir siebzig Männer unter den Ältesten Israels, von denen
du weißt, dass sie Älteste im Volk und seine Amtleute sind, und bringe sie
vor die Stiftshütte und stelle sie dort vor dich, 17 so will ich hernieder
kommen und dort mit dir reden und von deinem Geist, der auf dir ist, neh-
men und auf sie legen, damit sie mit dir die Last des Volks tragen und du
nicht allein tragen musst.

Mose droht unter der Last der Verantwortung für dieses Volk zu zerbrechen. Unter der Last, die Gott ihm zugemutet hat, so sehr, dass er lieber sterben will. Wer kennt nicht ähnliche Gefühle? Ich kann nicht mehr. Mach lieber ein Ende! – Bei Mose ist es die Verantwortung für das Volk Gottes. Und ich kann mir vorstellen, dass es manchen, die heute Leitungsverantwortung in der Kirche übernehmen, ähnlich ergehen kann. Da strengt man sich an, reißt sich ein Bein aus, da tagt man und tagt und es wird doch nicht heller; da bemüht man sich, hat Ideen und kann doch nicht alles so nach vorne bringen, wie man es eigentlich möchte.

So kann es allen ergehen, die Verantwortung übernehmen wollen, die es ernst meinen damit. Vielleicht auch der alten bettlägerigen Frau, die ihre Gemeinde fürbittend begleitet, inbrünstig für sie betet und miterleben muss, wie alles weniger wird. Oder dem Mitarbeiter, der sich abstrampelt, jedoch weder Erfolg noch Anerkennung findet, sondern eher von anderen gemoppt wird.

Für alle, denen es dann so ergeht, könnte ein Blick auf das, was mit und um Mose geschieht, vielleicht hilfreich sein. Was geschieht? Mose ist am Ende. Und Mose wendet sich an den, der ihm das zumutet. Er klagt nicht überall herum, sondern er wendet sich just an ihn. Und vor ihm spricht er seine Klage aus.

Und erstaunlicherweise erhält Mose keinen seelsorgerlichen Trost, sondern Organisationsberatung. „Sammle mir siebzig Männer aus unter den Ältesten Israels … damit sie mit dir die Last des Volkes tragen und du nicht alleine tragen musst.“ Doch es ist weit mehr als ein organisatorischer Tipp, auch noch mehr als ein Hinweis darauf, dass er in einer Gemeinschaft lebt mit anderen, die ja mit tragen können, mehr als der Hinweis darauf, abzugeben, zu delegieren, auch Macht zu teilen.

Gott verbindet damit nämlich ein Versprechen: Wenn du das tust, will ich von deinem Geist, der auf dir ist, nehmen und auf sie legen. Er will zwar von dem Geist des Mose nehmen, aber auch dieser Geist ist dem Mose ja von Gott gegeben, und wenn Gott davon weitergibt, dann tut er das ja auch kraft seines Geistes. Insofern handelt es sich in der Tat um eine echte Pfingstgeschichte.

Gott sagt also nicht zu Mose: „Stell dich nicht so an. So schlimm wird's wohl nicht sein! Mach weiter. Nimm dich zusammen.“ Er sagt auch nicht: „Gut, ich entlasse dich aus deiner Verantwortung, weil ich einsehe, dass es für dich zu viel ist.“, sondern er sagt: „Such dir siebzig Leute und ich gebe euch den nötigen Geist und die nötige Kraft.“

Das heißt aber, und ich denke, das heißt es auch für uns, wenn wir unter unseren Lasten zu zerbrechen drohen: „Tu das dir Mögliche und Vernünftige, teile Verantwortung und vertrau meinem Wirken und nicht nur auf deine Arbeit. Verlass dich darauf, dass ich dich begleite, dich stärke und schütze." So hat es ein Lieddichter formuliert: „Gebrauche deine Kraft, denn wer was Neues schafft, der lässt uns hoffen. Vertraue auf den Geist, der in die Zukunft weist. Gott hält sie offen."

Wenn wir angesichts der heutigen Probleme, die auf die Kirche zukommen, an der Last unserer Verantwortung zu zerbrechen drohen und nicht wissen, wie wir ihr gerecht werden können, dann sollten wir bei Mose in die Schule gehen und von ihm lernen, vor allem sollten wir uns Gott anvertrauen und für seinen Geist offen bleiben.

Offenheit für den Geist Gottes wäre heute von allerhöchster Priorität. Klagen und Kritisieren führt zu nichts, aber geistloses Agitieren bringt auch nichts! Natürlich brauchen wir besondere Kraftanstrengungen, Aufbrüche, Veränderungen, neue Strukturen, intelligente Lösungen. Doch wenn das bei allem guten Willen letztlich geistlos daherkommt, das heißt, wenn man dabei nur auf seinen eigenen Verstand, seine eigenen Fähigkeiten und nicht mehr in erster Linie auf Gottes Geist vertraut, dann kommen mir solche Bemühungen vor wie das Vorgehen eines Farmers, der aufgrund einer längeren Trockenheit einen Teil seiner Kühe abschlachtet, damit der Rest wenigstens genug zu fressen hat, statt den in der Nähe liegenden Fluss umzuleiten und so frisches Wasser zu holen, damit alle leben können.

Was für die Farm das Wasser ist, ist für die Kirche der Geist Gottes. Und Offenheit für den Geist Gottes, das Vertrauen auf seine Möglichkeiten und das Vertrauen darauf, dass Gott seine Kirche und seine Menschen erhalten und bewahren will und wird, das ist das Entscheidende. Und wenn wir es uns bewahren oder wieder neu lernen, dann haben – und ich denke nur dann – unsere eigenen Überlegungen und Anstrengungen auch Erfolg und Segen.

Dann muss uns um unsere Kirche nicht bange sein. Dann können wir fröhlich Pfingsten feiern. Und dann kann man auch getrost Verantwortung aus der Hand geben und anderen und Gott anvertrauen, was in der Zukunft geschieht! Amen.

Printed by Books on Demand GmbH, Norderstedt / Germany